郑霖 周然 朱乐群◎主编

海港口服务城市融入

建设研究
——以天津港为例

"带一路"

四川科学技术出版社

图书在版编目（CIP）数据

沿海港口服务城市融入"一带一路"建设研究：以天津港为例 / 郑霖, 周然, 朱乐群主编. -- 成都：四川科学技术出版社, 2025. 3. -- ISBN 978-7-5727-1729-1

Ⅰ. F552.3

中国国家版本馆CIP数据核字第2025LV8784号

沿海港口服务城市融入"一带一路"建设研究
——以天津港为例

YANHAI GANGKOU FUWU CHENGSHI RONGRU YIDAIYILU JIANSHE YANJIU
——YI TIANJINGANG WEILI

主　编　郑　霖　周　然　朱乐群

出 品 人　程佳月
责任编辑　胡小华
责任出版　欧晓春
出版发行　四川科学技术出版社
　　　　　成都市锦江区三色路238号　邮政编码 610023
　　　　　官方微博：http://weibo.com/sckjcbs
　　　　　官方微信公众号：sckjcbs
　　　　　传真：028-86361756
成品尺寸　170 mm×240 mm
印　　张　7.75　字数 155 千
印　　刷　成都一千印务有限公司
版　　次　2025年3月第一版
印　　次　2025年3月第一次印刷
定　　价　50.00元

ISBN 978-7-5727-1729-1

邮购：成都市锦江区三色路238号新华之星A座25层　邮政编码：610023
电话：028-86361770

本书编委会

主编：郑　霖　周　然　朱乐群

编委：戴明新　李晓君　张　意　王壹省　佟　惠

　　　路少朋　杨子涵　高　侃　王　勇　于忠武

　　　谢佳辉　叶柯延　李　宁　刘俊涛　孟阳光

　　　蒋文新　李东昌　陈松贵　张　影　闫　涛

　　　张　杰　周丽丽　张翰林　李　超　邸　静

　　　汪梓懿　李雪娇　周　昊　高欢庆　刘京朋

　　　滕雨飞

前　言

　　港口作为综合交通运输体系的关键节点与城市的战略资源，在服务城市融入共建"一带一路"过程中扮演着极为重要的角色。在新的发展阶段，港口应进一步发挥交通运输、贸易往来、人文交流等方面的独特优势，推动港口自身高质量发展与服务城市融入共建"一带一路"实践更好地结合，放大港口联通内外的乘数效应，助力城市提升与"一带一路"沿线国家和地区的互联互通水平。

　　在此现实背景下，本书编撰小组通过一年的资料收集整理、沿海港口实地调研、文字撰写编排等工作，最终完成了《沿海港口服务城市融入"一带一路"建设研究——以天津港为例》。本书首先从推动共建"一带一路"、构建"双循环"新发展格局等层面分析了沿海港口城市融入"一带一路"面临的形势要求，基于增长极、全球价值链、产业集群及交通经济带等理论分析了沿海港口服务城市融入"一带一路"的理论基础，提出了强化港口物流枢纽功能、加强产业协同合作等发展路径，并总结上海、宁波—舟山、青岛等沿海港口在服务城市融入"一带一路"的相关实践。在此基础上，以天津港为主要研究对象，梳理了天津港服务天津市融入"一带一路"建设的发展现状，分析了发展需求与存在的问题，并借鉴鹿特丹、新加坡、汉堡等国际港口在推动港城关系方面积累的有益经验，最后提出了天津港服务天津市融入"一带一路"建设的总体要求、发展机制、实施路径与对策建议，以期为沿海港口服务城市融入共建"一带一路"提供决策支撑。

　　本书共包括八个部分的内容，各部分主要内容如下。

　　第一部分是绪论。按照"宏观—中观—微观"的视角，对沿海港口服务城市融入"一带一路"的背景展开·分析，并从港口、城市、国家三个层面阐明了沿海港口服务城市融入"一带一路"的研究意义，列出了研究依据，为后续研究奠定基础。

第二部分是沿海港口服务城市融入"一带一路"面临的形势要求。从推动共建"一带一路"、构建"双循环"新发展格局、实现"双碳"目标、推进区域重大战略及建设一流港口等层面分析了沿海港口城市融入"一带一路"面临的形势要求,为沿海港口服务城市融入"一带一路"指明主攻方向。

第三部分是国内沿海港口服务城市融入"一带一路"理论与实践。从增长极理论、全球价值链理论等维度阐明本书理论基础,提出沿海港口在服务城市融入"一带一路"中应发挥的四大战略支点价值,系统梳理上海港、宁波—舟山港、青岛港、厦门港等港口在服务城市融入"一带一路"采取的相关举措,并总结提出沿海港口服务城市融入"一带一路"的发展路径。

第四部分是天津港服务天津市融入"一带一路"建设的现状。从基础设施、网络通道、经营服务三个方面系统梳理天津港服务天津市融入"一带一路"的发展情况。

第五部分是天津市融入"一带一路"对天津港的需求与现存问题分析。对照"推进基础设施互联互通、打造经贸合作升级版、推动产业与技术合作、提升金融开放水平、推动海上全面合作、密切人文交流合作"六个方面提出发展需求,并剖析了在集疏运、海铁联运、海上航线、航运服务等方面存在的问题。

第六部分是国际港口联通区域与服务城市发展经验借鉴。重点选取鹿特丹港、新加坡港、汉堡港、伦敦港、杜伊斯堡港、瓜达尔港等在港口与城市互动发展方面具有代表性的港口,借鉴其发展的先进经验。

第七部分是天津港服务天津市融入"一带一路"建设总体要求与实施路径。在以上分析基础上,提出下一阶段天津港服务天津市融入"一带一路"的总体发展思路、发展定位与发展目标,提出将天津港建设成为一流枢纽港、自由贸易港、航运金融港、国际邮轮港和海洋文化与科技交流区,并在明确构建战略协同机制等六项发展机制基础上提出了五条发展路径。

第八部分是天津港服务天津市融入"一带一路"建设的对策建议。从建设世界一流现代化枢纽港、构建以港口综合服务为核心的新型贸易生态、打造高端航运要素集聚的特色链、强化邮轮旅游及文化科技多元融合发展等方面提出相关对策建议。

限于作者水平,书中疏漏之处在所难免,恳请读者批评指正。

目　录

1 绪论

1.1 沿海港口服务城市融入"一带一路"背景分析

1.1.1 "一带一路"倡议逐渐成为极受欢迎的国际公共产品

随着资本、技术、信息等要素在全世界范围内的自由流动和组合，全球经济网络化和贸易全球化格局正在逐渐形成，但受贸易保护主义、地缘政治冲突等因素影响，世界经济发展正面临着深刻调整和演化。在当前全球经济缓慢复苏的大背景下，加强区域合作，形成系统合力，为推动世界经济发展已成为一种趋势与共识。2013 年 9 月和 10 月，习近平总书记在出访中亚和东南亚国家期间，先后提出共建"丝绸之路经济带"和"21 世纪海上丝绸之路"的倡议，得到了国际社会的高度关注和有关国家和地区的积极响应。

共建"一带一路"，积极顺应世界多极化、经济全球化、文化多样化、社会信息化的趋势，秉持开放的区域合作精神与理念，致力于维护全球自由贸易体系和开放型经济。共建"一带一路"旨在促进经济要素有序自由流动、资源高效配置和市场深度融合，推动沿线国家和地区实现经济政策协调，在更大范围、更高水平、更深层次开展务实的区域合作，形成开放、包容、均衡、普惠的区域性经济合作架构。"一带一路"倡议不仅是中国全方位开放战略新格局的重要组成部分，而且契合世界其他国家和地区共同的利益诉求，顺应了全球治理体系变革的内在要求，彰显了同舟共济、权责共担的命运共同体意识，已经成为推动构建人类命运共同体的重要实践平台。

自 2013 年以来，从愿景到行动、从立柱架梁到全面深入发展、从总体布局的"大写意"到精谨细腻的"工笔画"，共建"一带一路"已经成为范围极广、规模极大的国际合作平台和极受欢迎的国际公共产品，政策沟通、设施联通、贸易畅通、资金融通、民心相通等五通建设均取得了令人瞩目的成绩，国际影响力不断提升。2021 年 11 月，习近平总书记在第三次"一带一路"建设座谈会上强调，要完整、准确、全面贯彻新发展理念，以高标准、可持续、惠民生为目标，巩固互联互通合作基础，拓展国际合作新空间，扎牢风险防控网络，努力实现更高合作水平、更高投入效益、更高供给质量、更高发展韧性，推动共建"一带一路"高质量发展不断取得新成效。党的二十大报告明确提出，要推动共建"一带一路"高质量发展，为下一阶段做好"一带一路"相关工作指明主攻方向、提供基本遵循。

1.1.2 "一带一路"倡议为沿海城市开辟新的发展空间

2015 年 3 月，经国务院授权，国家发展和改革委员会（简称发展改革委）等三部门联合发布了《推动共建丝绸之路经济带和 21 世纪海上丝绸之路的愿景与行动》（简称《愿景与行动》），标志着"一带一路"建设从顶层设计走向具体实施。根据《愿景与行动》文件，"丝绸之路经济带"和"21 世纪海上丝绸之路"明确了中国经济对外发展的五条国际大通道，国内沿线的各省份将充分发挥沿海、沿边、内陆各地区的比较优势，将国内"一带一路"沿途各主要城市建设成向中亚、西亚、南亚、东南亚及欧洲等沿线国家与地区开放的重要窗口，寻求与"一带一路"沿途国家的互利互惠合作，全面提升国内各区域经济对外开放水平。

沿海城市在地理位置、自然条件、交通运输、经济基础等方面具有先天优势，是对外开展经济贸易往来的重要通道，所以世界各国的生产和经济活动都向沿海港口城市集中，一些著名的国际港口城市如英国的伦敦、美国的纽约、中国的上海等，都成为各自国家的经济中心、贸易中心、金融中心。自我国1978 年开始实行改革开放政策以来，沿海地区抓住经济全球化的发展机遇，率先进行市场化改革，并与国际市场接轨，利用其他国家和地区的资金、技术、知识和市场，面向国际市场发展外向型经济，参与经济全球化与国际分工，促进了制造业与加工工业的快速发展，成为中国对外开放的最前沿。

"一带一路"倡议是中国对外开放合作的新构想，将深度拓展我国沿海地区与"一带一路"沿途国家的对外开放及经济融合。《愿景与行动》文件规划了加强上海、天津、宁波—舟山、广州、深圳、湛江、汕头、青岛、烟台、大连、福州、厦门、泉州、海口、三亚15个沿海港口建设，使沿海地区成为"21世纪海上丝绸之路"建设的排头兵和主力军。依托便利的水运交通、得天独厚的自然条件及相关政策支持，沿海地区的经济增长速度、对外贸易总额年均增长率等指标都高于全国平均水平，成为中国经济发展奇迹与中国经验的创造者和见证者。在国家提出经济转向中高速、高质量发展阶段，"一带一路"倡议的政策沟通、设施联通、贸易畅通、资金融通、民心相通等合作重点内容为沿海地区提供了新的发展机遇，开辟了新的发展空间。沿海港口城市积极融入共建"一带一路"，通过加强与"一带一路"沿线国家与地区在基础设施联通、经济与贸易往来、产业投资、金融及科教文卫等领域的深度合作，促进产业结构转型升级，实现沿海地区经济的高质量发展。

1.1.3 港口在服务沿海城市融入共建"一带一路"中的作用日益凸显

经济全球化背景下，海运作为国际贸易的桥梁和纽带，在经济发展中发挥着日益重要的支撑作用。虽然国际海运货物运输存在速度慢、风险大等不足，但由于其运量大、运费低、对货物适应性强等优势，是世界贸易中最为重要的一种运输方式。据联合国贸易发展促进会统计，按重量计算，海运贸易量占全球贸易总量的90%，按商品价值计算，则占贸易额的70%以上。海上运输迅速发展，已成为人类发展经济和进行贸易往来的重要手段。我国海运航线和服务网络遍布世界主要国家和地区，海运在促进世界经贸发展、构建人类命运共同体的伟大事业中发挥着重要的桥梁和纽带作用。港口是水上运输的起点与终点，是最大量货物的集结点，随着海上运输的发展，港口也逐渐发展起来。港口兴则贸易兴，港口强则经济强。港口兴衰，已经成为经贸冷热的晴雨表，也是衡量综合国力的重要标志。港口作为综合交通运输枢纽、经济社会发展的战略资源和重要支撑，以及开展对外贸易与交流的重要窗口与载体，在促进国际贸易和地区发展中发挥着举足轻重的作用，历来有国家"门户"、"窗口"、交通"枢纽"之称，是中国对外开放的最前沿地带。经过多年的发展，我国港口已建成布局合理、层次分明、功能齐全、河海兼顾、优势互补、配套设施完善、现代化程度较高的港口大国、航运大国和集装箱运输大国，实现了从瓶颈制约到总体缓解、基本适应再到总体适应、局部适度超前的重大跃升。大型化、深水化、转化化港口基础设施建设取得显著成效，可持续发展能力明显增强，中国港口吞吐量和集装箱吞吐量连续几年保持世界第一。

共建"一带一路"，港口是核心，是发展"先行官"。在多个国际场合，习近平总书记均用"重要支点""重要枢纽"来形容港口在"一带一路"倡议中的重要性。2019年1月，习近平总书记视察天津港时强调，要志在万里，努力打造世界一流的智慧港口、绿色港口，更好服务京津冀协同发展和共建"一带一路"。2019年11月，习近平总书记在希腊参观中国远洋海运集团有限公司（简称中远海运）比雷埃夫斯港项目时指出，比雷埃夫斯港项目是中希双方优势互补、强强联合、互利共赢的成功范例。希望双方再接再厉，搞好港口后续建设发展，实现区域物流分拨中心的目标，打造好中欧陆海快线。2020年3月，习近平总书记在浙江宁波—舟山港穿山港区考察时强调，要坚持一流标准，把港口建设好、管理好，努力打造世界一流强港，为国家发展做出更大贡献。2023年5月，习近平总书记在黄骅港煤炭港区码头考察时强调，要持续推进港口转型升级和资源整合，优化港口功能布局，主动对接京津冀协同发展、高标准高质量建设雄安新区、共建"一带一路"等国家重大规划需求，在推动区域经济协调发展、建设现代化产业体系中发挥更大作用。

作为"一带一路"建设的关键节点与先行领域，港口在服务城市融入共建"一带一路"中发挥着重要作用。目前，我国港口已与世界200多个国家、600多个主要港口建立了航线联系，正是以这些港口为支点，连点成线、织线成网，沿海城市与"一带一路"沿线国家和地区的互联互通才有了支点和基本依托。随着共建"一带一路"的深入推进，沿海港口正面临着新的发展机遇，不仅其货物吞吐量将不断增长，而且港口的国际贸易功能、资源集聚效能和区域辐射能力亦将稳步上升。一方面，通过港口基础设施及物流体系的不断完善，沿海城市逐步增强与"一带一路"沿线国家和地区的"硬联通"水平。另一方面，依托临港产业及港口邮轮经济的快速发展，沿海城市与"一带一路"

沿线国家和地区的"软联通"水平也在逐步提升。因而，通过发挥港口联结海陆、辐射内外的引擎效应，进一步深化了沿海城市与"一带一路"沿线国家和地区的全方位合作。

1.2 沿海港口服务城市融入"一带一路"的研究意义

1.2.1 港口层面：助力港口找准发力点更好融入"一带一路"建设

港口作为综合交通运输体系的关键节点与城市的战略资源，在服务城市融入共建"一带一路"过程中扮演着极为重要的角色。通过开展港口服务城市融入共建"一带一路"研究，明确港口主攻方向，找准港口在集疏运体系建设、远近洋航线开拓、内陆无水港布局、物流体系构建、航运服务完善、航运金融发展、邮轮经济拓展等方面的发力点和落脚点，有利于港口将自身业务开展与服务城市融入共建"一带一路"实践更好地结合，既能实现港口自身高质量发展，又能在服务城市融入共建"一带一路"中展现港口作为，助力城市提升与"一带一路"沿线国家和地区的互联互通水平。

1.2.2 城市层面：促进沿海城市更好地发挥港口优势融入共建"一带一路"

"一带一路"倡议提出以来，各个城市尤其是沿海城市积极发挥自身优势，利用自身资源禀赋融入"一带一路"建设。沿海城市发挥沿海地理优势，开展海陆联运多种运输方式，依托保税区、自贸试验区及各类中外合作的产业园，打造出与"一带一路"沿线国家互联互通的运输、贸易、产业合作和资本投资大通道。通过开展港口服务城市融入"一带一路"建设研究，有利于沿海城市进一步发挥港口在交通运输、贸易往来、人文交流等方面的优势，通过港产城融合发展，推动港口高质量发展与城市自身诉求相结合，塑造对外开放和国际合作新优势，为融入共建"一带一路"提供有力支撑。

1.2.3 国家层面：打造港口服务城市融入共建"一带一路"典范

港口是一个国家的重要战略资源，沿海城市是一个国家对外开放的前沿阵地，我国"一带一路"倡议的深入推进离不开沿海港口城市的积极融入。本书通过开展港口服务城市融入"一带一路"建设研究，以天津港作为具体案例探讨其服务天津市融入共建"一带一路"的经验做法，在全国层面打造港口服务城市融入共建"一带一路"的典范，激发港口与城市联动发展的乘数效应，从而为其他沿海城市发挥港口优势融入共建"一带一路"提供有益经验借鉴，形成沿海城市以更深层次、更大范围、更宽领域融入共建"一带一路"的良好局面，推动我国"一带一路"倡议高质量发展取得新成效。

1.3 研究依据

《推动共建丝绸之路经济带和21世纪海上丝绸之路的愿景与行动》，国家发展改革委、外交部、商务部，2015年3月。

《中华人民共和国国民经济和社会发展第十四个五年规划和2035年远景目标纲要》，中华人民共和国中央人民政府，2021年3月。

《中共中央 国务院关于完整准确全面贯彻新发展理念做好碳达峰碳中和工作的意见》，中共中央、国务院，2021年9月。

《交通强国建设纲要》，中共中央、国务院，2019年9月。

《国家综合立体交通网规划纲要》，中共中央、国务院，2021年2月。

《关于建设世界一流港口的指导意见》，交通运输部、国家发展改革委、财政部、自然资源部、生态环境部、应急部、海关总署、市场监管总局和国家铁路集团，2019年11月。

《关于加快天津北方国际航运枢纽建设的意见》，国家发展改革委、交通运输部，2020年7月。

《"一带一路"生态环境保护合作规划》，中华人民共和国生态环境部，

2017 年 5 月。

《进一步深化中国（天津）自由贸易试验区改革开放方案》，国务院，2018 年 5 月。

《天津市服务业扩大开放综合试点总体方案》，商务部，2021 年 4 月。

《人民银行关于金融支持中国（天津）自由贸易试验区建设的指导意见》，人民银行，2015 年 12 月。

《"十四五"服务贸易发展规划》，中华人民共和国商务部等 24 部门，2021 年 10 月。

《国务院关于印发中国（天津）自由贸易试验区总体方案的通知》，国务院，2015 年 4 月。

《天津市参与丝绸之路经济带和 21 世纪海上丝绸之路建设实施方案》，天津市人民政府，2015 年 11 月。

《天津市人民政府关于印发天津市国民经济和社会发展第十四个五年规划和二〇三五年远景目标纲要的通知》，天津市人民政府，2021 年 2 月。

《国务院关于印发进一步深化中国（天津）自由贸易试验区改革开放方案的通知》，国务院，2018 年 5 月。

《天津市人民政府办公厅关于印发中国（天津）自由贸易试验区创新发展行动方案的通知》，天津市人民政府办公厅，2019 年 9 月。

《天津市扩大开放构建开放型经济新体制若干措施》，天津市人民政府办公厅，2019 年 4 月。

《河北雄安新区总体规划（2018—2035 年）》，国务院，2018 年 12 月。

《天津市北方国际航运核心区建设"十三五"规划》，天津市交通运输委员会，2016 年 7 月。

《天津北方国际航运中心核心功能区建设方案》，国家发展改革委，2014 年 4 月。

《天津市关于加快建设北方国际航运核心区的实施意见》，天津市人民政府，2016 年 12 月。

《天津市新型基础设施建设三年行动方案（2021—2023 年）》，天津市人民政府办公厅，2021 年 2 月。

《天津市培育建设国际消费中心城市实施方案（2021—2025 年）》，天津市人民政府，2021 年 11 月。

《天津市综合交通运输"十四五"规划》，天津市人民政府办公厅，2021 年 8 月。

《天津市制造业高质量发展"十四五"规划》，天津市人民政府办公厅，2021 年 6 月。

《天津市海洋经济发展"十四五"规划》，天津市人民政府办公厅，2021 年 6 月。

《天津市金融业发展"十四五"规划》，天津市人民政府办公厅，2021 年 9 月。

《天津市科技创新"十四五"规划》，天津市人民政府办公厅，2021 年 8 月。

2 沿海港口服务城市融入"一带一路"面临的形势要求

2.1 推动共建"一带一路"高质量发展要求港口进一步发挥关键节点作用

近年来，我国统筹谋划推动高质量发展，构建新发展格局，坚持共商共建共享原则，坚持基础设施"硬联通"与规则标准"软联通"同步推进，推动共建"一带一路"实现高质量发展，取得了诸多沉甸甸的成就。目前，我国已经与100多个国家和国际组织签署了200多份共建"一带一路"合作文件，有关合作理念和主张已经写入联合国、二十国集团、亚太经合组织、上海合作组织等重要国际机制的成果文件。从亚欧大陆到非洲、美洲、大洋洲，共建"一带一路"将使政策沟通更加有力、设施联通更加高效、贸易更加畅通、资金更加融通、民心更加相通，为世界经济增长开辟了新空间，为完善全球经济治理拓展了新实践，为增进各国民生福祉做出了新贡献。

与此同时，随着"一带一路"倡议的走深向实，其内涵也不断丰富。在新形势下，绿色、健康、数字的丝绸之路成为全球区域合作新的增长点，为构建人类命运共同体做出了新贡献。

"绿色丝绸之路"建设方面，我国突出生态文明和绿色发展理念，搭建合作平台，开展政策对接，促进技术合作，加强人文交流，推动共建"绿色丝绸之路"取得显著成效。港口作为巨大能量消耗地和污染生产源，同样肩负着"建绿色港口、创绿色丝路"的责任。在"绿色丝绸之路"上建设绿色港口，就是将"海上丝绸之路"（简称"海丝"）中"港口、人、自然"和谐相处的绿色环境理念渗透到沿海港口建设发展和作业相关的各项行为之中，提高港口的环境管理水平，改善港口的生态环境质量，自觉担当更多社会责任，努力创造更多的绿色价值，建设一条可持续发展的绿色海上丝绸之路，引领"一带一路"绿色之路的高质量发展。

"数字丝绸之路"建设方面，国务院新闻办公室发布的《共建"一带一路"：构建人类命运共同体的重大实践》白皮书显示，截至2022年底，中国已与17个国家签署"数字丝绸之路"合作谅解备忘录，与30个国家签署电子商务合作谅解备忘录，与18个国家和地区签署《关于加强数字经济领域投资合作的谅解备忘录》，提出并推动达成《全球数据安全倡议》《"一带一路"数字经济国际合作倡议》《中国—东盟关于建立数字经济合作伙伴关系的倡议》《中阿数据安全合作倡议》《"中国＋中亚五国"数据安全合作倡议》《金砖国家数字经济伙伴关系框架》等合作倡议，牵头制定《跨境电商标准框架》。港口作为"海上丝绸之路"的重要节点，应在数字化建设上开展先行先试，不断探索5G、大数据、云计算、物联网、数字孪生等前沿技术在港口领域的深度应用，不断提升港口的数字化与智能化水平，为"数字丝绸之路"建设贡献港口力量。

2.2 构建"双循环"新发展格局要求港口进一步发挥全球资源配置枢纽作用

在新的时代背景下，我们面临着复杂多变的国内外发展形势，"十四五"规划提出加快构建以国内大循环为主体、国内国际双循环相互促进的新发展格局，是基于新中国成立以来所积累的宝贵发展经验，考虑到近期和远期发展过程中可能面临的诸多挑战所做出的深远战略抉择，是以习近平同志为核心的党中央根据我国新发展阶段、新历史任务、新环境条件做出的重大战略决策，是习近平新时代中国特色社会主义经济思想的又一重大理论成果，既是对我国客观发展规律和发展趋势的自觉把握，也是中国经济迈向高质量发展的强国方略,是基于丰富实践基础上的主动作为,不仅为我国"十四五"时期的经济高质量发展指明了方向,而且对基本实现社会主义现代化2035年远景目标也具有重要战略意义。《中华人民共和国国民经济和社会发展第十四个五年规划和2035年远景目标纲要》提出,要"坚持扩大内需这个战略基点,加快培育完整内需体系,把实施扩大内需战略同深化供给侧改革有机结合起来,以创新驱动、高质量供给引领和创造新需求,加快构建以国内大循环为主体、国内国际双循环相互促进的新发展格局"。

从经济学的角度来看,经济的运行和发展离不开各种要素的流动,这种流动带来了资源共享和经济协同的可能性。而港口作为连接世界的重要节点,其作用不言而喻。港口不仅是货物和信息的集散地,更是经济要素流动的核心枢纽。港口产业的发展涵盖了仓储、运输、物流、加工、贸易、金融、保险、代理、信息、口岸服务等多个领域。它通过"一带一路"倡议,将流量经济的全要素推向全球,使得海上和陆上两个经济走廊成了国际性的资金、商品、物资、人员、技术等流量经济要素自由流动的区域。这样一来,港口就成了物流、人流、商流、资金流和信息流汇聚的中心,为全球经济的发展提供了强大的动力。"双循环"新发展格局的提出,对港口要素流通枢纽的核心属性提出了更高的要求。沿海港口作为经济社会发展的战略资源和重要支撑,是连通国内、国际两个市场的关键节点,对畅通"双循环"具有基础性、枢纽性作用,要全面推进世界一流港口与国际、国内枢纽港建设,进一步提高港口跨境资源配置能力,优化港口布局,强化内外联动,加强海运与铁路、内河等运输方式的无缝衔接,积极发展多式联运,形成以港口为核心的综合交通运输体系,实现国内、国际供应链"双循环"互动发展,助力沿海城市在更深层次、更大范围融入"一带一路"建设。

2.3 实现"碳达峰、碳中和"目标要求加快绿色智慧港口建设

全球气候变化已经成为21世纪人类面临的现实而紧迫的危机,也是严峻

而长期的挑战。面向碳中和的低碳、零碳乃至负碳技术将成为全球产业革命和科技竞争的关键。目前,世界上已经有100多个国家已经通过不同形式做出碳中和承诺,实现碳达峰、碳中和是以习近平同志为核心的党中央统筹国内国际两个大局做出的重大战略决策,是我国向世界做出的庄严承诺,是贯彻新发展理念、构建新发展格局、推动高质量发展的内在要求,也是一场广泛而深刻的经济社会变革。2021年10月,中共中央、国务院发布《关于完整准确全面贯彻新发展理念做好碳达峰碳中和工作的意见》。作为碳达峰碳中和"1+N"政策体系中的"1",《意见》为碳达峰碳中和这项重大工作进行了系统谋划、总体部署。根据《意见》,到2030年,经济社会发展全面绿色转型取得显著成效,重点耗能行业能源利用效率达到国际先进水平。到2060年,绿色低碳循环发展的经济体系和清洁低碳安全高效的能源体系全面建立,能源利用效率达到国际先进水平,非化石能源消费比重达到80%以上。2021年10月,国务院印发《2030年前碳达峰行动方案》,方案围绕贯彻落实中共中央、国务院关于碳达峰碳中和的重大战略决策,按照《关于完整准确全面贯彻新发展理念做好碳达峰碳中和工作的意见》的工作要求,聚焦2030年前碳达峰目标,对推进碳达峰工作做出总体部署。

交通运输行业是我国碳排放的重点领域之一,碳排放量占我国碳排放总量的10%左右。国务院印发的《2030年前碳达峰行动方案》将"交通运输绿色低碳行动"作为"碳达峰十大行动"之一,提出要通过加快形成绿色低碳运输方式,确保交通运输领域碳排放增长保持在合理区间。伴随我国整体步入工业化后期和后工业化发展阶段,交通运输将成为影响碳排放和碳中和目标实现的关键领域。考虑到水运是最高效的运输方式,随着"公转水""铁水联运"等运输方式的推广,水路运输在我国货物运输中占据重要地位。与公路、铁路运输方式相比,虽然水运行业碳排放总量占比较低,但其低碳、零碳燃料替代前景目前尚不明朗,实现零碳排放仍将面临严峻挑战。港口作为水路运输的关键节点,在助力水运行业加快实现碳达峰碳中和目标方面扮演着重要角色。沿海港口应以"双碳"目标为指引,加快智慧绿色港口建设,积极推进光伏、氢等新能源技术的利用,加快"风、光、储、氢"一体化能源系统布局,强化能源消费的智能管控,以打造"近零碳港口"为核心抓手,助力港口加快实现绿色智慧升级,形成可复制、可推广的有益建设经验,为沿海城市融入"绿色丝绸之路"建设贡献港口力量。

2.4 推进区域重大战略要求港口在服务城市融入"一带一路"建设中展现更大作为

党的十八大以来，我国谋划并推动了京津冀协同发展、长江经济带发展、粤港澳大湾区建设、推进海南全面深化改革开放、长江三角洲（简称长三角）区域一体化发展、黄河流域生态保护和高质量发展等多个重大战略，引领我国区域发展发生历史性变化，取得历史性成就，同时也为沿海港口更好地服务城市融入"一带一路"指明了方向、提出了新的要求。

京津冀协同发展战略。京津冀地区作为环渤海的地区之一，其港口发展对于经济的拉动作用不容忽视。经过多年的发展，京津冀地区形成了天津港、秦皇岛港、唐山港和黄骅港等多个港口在内的港口群。津冀沿海港口群是中蒙俄经济走廊的东部起点，是构建国内国际"双循环"新发展格局的重要支点，同时也是支撑京津冀协同发展、服务"一带一路"倡议的重要力量，已具备了领先规模和初步的协同发展成果。近年来，津冀港口群加快融入中欧班列运输体系，持续增强面向中亚和欧洲的国际物流辐射能力，助力建设国家港口型物流枢纽城市。在未来，津冀港口群将按照世界一流港口群的目标，以强化港航资源配置能力为核心，联手打造与世界级城市群相适应的世界级港口群，发挥津冀港口群的互动效应，增强适应"一带一路"的港航综合性竞争优势，致力于成为国家对外开放的主要门户和国际资源配置的重要平台，服务京津冀及"三北"地区经济发展，辐射中蒙俄、中国—中亚—西亚经济走廊，成为京津冀协同发展战略和世界级城市群建设的基本力量。

长江三角洲区域一体化发展战略。长江三角洲地区位于我国长江经济带与"一带一路"交会点，是我国东部最具经济活力、对外开放度最高、吸纳外来人才最多、创新能力最强的区域之一，在国家对外开放和现代化建设中发挥着重要作用。作为我国对外开放、参与国际竞争、服务"一带一路"建设的重要平台，长三角港口群与城市群将相互依托，协同发展，在我国区域经济发展和对外开放中发挥龙头和桥梁的作用。随着"一带一路"建设的纵深推进，长三角经济形势出现前所未有的变化。凭借陆海交会联动的先天优势和基础功能，长三角港口群通过有效衔接海向港口和内陆地区，强化了"两个扇面"的辐射带动作用。国际扇面部分，长三角港口群是"一带一路"沿线中亚内陆国家的东方出海口，兼具沿海重要港口节点和国际海铁联运功能，区位优势明显，辐射范围广泛，可以形成中亚内陆国家与东南亚沿海国家的双向货物对流，重点形成对韩国釜山港、新加坡港的竞争优势，在全球航运资源配置中发挥关键作用。国内扇面部分，长三角港口群则是"海上丝绸之路经济带"的桥头堡和长江经济带建设的助推器，有着促外贸、稳增长，引领中西部，带动长江流域，辐射全国的"龙头"地位。依托长江黄金水道和海岸线，发展铁、公、水、空、管多式联运体系，实现"铁路连港区、内河到码头、港口通大洋"，提升与腹地交通的连接畅通，加快延伸腹地范围，带动中西部发展，助力城市以更高能级融入共建"一带一路"。

粤港澳大湾区建设战略。粤港澳大湾区是我国经济最活跃、对外开放程度最高的区域，同时也是"一带一路"物流服务核心枢纽之一。从地理位置看，粤港澳大湾区地处我国东部沿海，拥有香港特区和澳门特区两个自由港和深圳前海、广州南沙和珠海横琴三个自由贸易区，港澳又是国际性的贸易平台，这决定了粤港澳大湾区是"一带一路"的重要支撑区域和枢纽位置。在大力推行"一带一路"倡议的今天，粤港澳大湾区的建设对支撑"一带一路"发展和重塑我国对外开放格局有不可替代的影响。《愿景与行动》明确提出，充分发挥深圳前海、广州南沙、珠海横琴等开放合作区的作用，深化与港澳合作，打造粤港澳大湾区，使之成为"一带一路"特别是"21世纪海上丝绸之路"建设的排头兵和主力军。粤港澳大湾区港口密集，其中，珠江三角洲（简称珠三角）包括广州、深圳、珠海在内的9个城市就有近百个大小港口，且有多个港口为亿吨港，世界级港口群加速建成。由于粤港澳大湾区航线范围覆盖"一带一路"沿线国家的主要港口，随着"一带一路"的加速推进，粤港澳大湾区作为国际自由贸易港已经初具雏形。坚持世界级港口群、国际物流航运中心的发展方向，大湾区将布局东南亚、非洲及中东等"21世纪海上丝路之路"沿线国家和地区，强化国际合作，共同联合投资项目，强化产业集群、创新发展和国际物流服务，进一步提升中国在国际港口物流上的竞争实力。

2.5 建设一流港口为沿海港口服务城市融入"一带一路"指明新方向

港口是综合交通运输枢纽，也是经济社会发展的战略资源和重要支撑。2019 年 11 月，交通运输部联合国家发展改革委、财政部、自然资源部、生态环境部、应急部、海关总署、市场监督管理总局和国家铁路集团印发了《关于建设世界一流港口的指导意见》（简称《意见》），提出着力把港口建设好、管理好、发展好，打造一流设施、一流技术、一流管理、一流服务，强化港口的综合枢纽作用，整体提升港口高质量发展水平，以枢纽港为重点，建设安全便捷、智慧绿色、经济高效、支撑有力、世界先进的世界一流港口。

建设一流港口指明了基础设施发展的新方向。针对港口枢纽功能有待强化的问题，《意见》提出了系统优化供给体系、以多式联运为重点补齐短板等重点任务；到 2025 年，集装箱、干散货重要港区铁路进港率在 60% 以上，矿石、煤炭等大宗货物主要由铁路或水路集疏运；到 2035 年，重要港区基本实现铁路进港全覆盖，港口集装箱铁水联运比例显著提升。《意见》提出要通过设点、连线、成网、布局，构建完善的海上互联互通网络，加强港口与中欧班列、西部陆海新通道、中欧陆海快线等的衔接，加快建设便捷高效的国际贸易综合运输体系。天津港的基础设施建设需要瞄准以上任务和目标，坚持新建与既有码头技术升级改造并重，坚持建设、管理和养护并重，着力增强天津港的整体竞争力。

建设一流港口指明了港航服务发展的新方向。针对在专业物流、现代服务功能等方面存在不完善的问题，《意见》提出了要大力发展冷链、汽车、化工等专业物流，增强中转配送、流通加工等增值服务，延伸港口物流产业链。积极发展港航信息、商贸、金融保险等现代服务业，吸引国际货物中转、集拼等业务，提升航运服务能级，支撑世界一流的国际航运中心建设等重点任务，港口需主动对照以上任务要求，加快夯实专业物流和港航服务，完善航运服务产业链。

建设一流港口指明了智慧绿色发展的新方向。为抢抓新一轮科技革命和产业变革的历史机遇，推动港口发展更加注重向创新驱动转变，《意见》提出了建设智能化港口系统、加快智慧物流建设等重点任务；到2025年，部分沿海集装箱枢纽港初步形成全面感知、泛在互联、港车协同的智能化系统；到2035年，集装箱枢纽港基本建成智能化系统。此外，针对绿色发展水平不高、部分码头环保设施不完善等问题，《意见》提出了着力强化污染防治、构建清洁低碳的港口用能体系、加强资源节约循环利用和生态保护等重点任务；2025年初步形成设施齐备、制度健全、运行有效的港口和船舶污染防治体系，港口资源节约循环利用水平明显提升；2035年港口和船舶污染防治水平居于世界前列，主要港口绿色发展达到国际先进水平。以上这些要求和目标为沿海港口加快打造世界—流的智慧港口、绿色港口指明了方向。

3 沿海港口服务城市融入"一带一路"的理论与实践

3.1 沿海港口服务城市融入"一带一路"的理论基础

3.1.1 增长极理论

增长极理论由法国经济学家弗朗索瓦·佩鲁提出。该理论认为，经济增长并非同时出现在所有地方，而是首先集中在某些具有创新能力的行业和主导产业部门，这些部门往往集聚在特定的地理空间，形成增长极。增长极通过其吸引力和扩散力，不断将周边地区的经济要素吸引过来，进行产业集聚和经济规模扩张。同时，增长极也会将自身的技术、资金、人才等优势向周边地区扩散，带动周边地区的经济发展。

沿海港口服务城市凭借港口这一核心优势，在区域经济中具备成为增长极的潜力。港口本身是货物和人员的集聚地，吸引了大量航运、物流、贸易等相关产业在其周边布局。例如，港口的货物吞吐活动带动了仓储、装卸、运输等产业的发展，这些产业的集聚形成了产业集群，产生规模经济和外部经济效应。随着产业的不断发展和升级，港口城市的经济实力增强，其作为增长极开始向内陆地区扩散技术、资金和人才等要素。通过建设完善的集疏运体系，将港口的经济辐射范围延伸到内陆腹地，带动内陆城市的经济发展，促进区域经济的一体化，从而在"一带一路"倡议中发挥关键的增长极作用。

3.1.2 全球价值链理论

全球价值链理论是指在全球范围内，从产品的设计、研发、生产、销售到售后服务等一系列活动所构成的价值创造和传递的链条。该理论认为，不同国家和地区的企业在全球价值链中扮演着不同角色，承担着不同的价值创造环节。一些发达国家的企业往往占据着全球价值链的高端环节，如研发、设计、品牌营销等，获取较高的附加值；而发展中国家的企业则较多地集中在生产制造等低端环节，附加值较低。通过参与全球价值链，各国企业可以实现资源的优化配置和优势互补，提升自身在全球经济中的地位和竞争力。

沿海港口服务城市作为国际贸易和物流的重要节点，在全球价值链中具有独特的地位和作用。一方面，港口城市的制造业企业可以利用港口的便利条件，进口原材料和零部件，进行加工制造，然后通过港口将产品出口到全球市场，参与全球生产网络的分工与协作，提升在全球价值链中的位置。另一方面，港口城市还可以发展现代服务业，如航运金融、物流配送、国际贸易咨询等，为全球价值链的运行提供支持和服务，创造更高附加值。在"一带一路"倡议下，沿海港口服务城市可以加强与沿线国家和地区在全球价值链上的合作，推动产业升级和转型，实现从低附加值环节向高附加值环节的攀升，促进区域经济的协调发展。

3.1.3 区域经济一体化理论

区域经济一体化理论主要研究区域内或区域之间的经济联合过程和机制。它包括贸易自由化、要素自由流动、经济政策协调等多个方面。区域经济一体化的形式从低到高可以分为自由贸易区、关税同盟、共同市场、经济联盟和完全的经济一体化。在一体化过程中，各成员之间通过消除贸易壁垒、统一市场规则等措施，促进区域内资源的优化配置和产业的合理分工，实现区域经济的协同增长。

在"一带一路"沿线，港口城市通过海上运输通道与沿线各国的港口城市相连接，形成了一个跨越国界的经济网络。港口城市之间的贸易往来是区域经济一体化的重要内容。例如，通过建立港口之间的友好合作关系，开展双边或多边的贸易协定，逐步消除贸易壁垒，实现货物的自由流通。同时，沿海港口服务城市还可以利用其交通枢纽地位，促进区域内劳动力、资本、技术等生产要素的自由流动。在共建"一带一路"过程中，沿海港口服务城市能推动区域经济从贸易一体化向更深层次的要素一体化和政策协调一体化迈进，促进沿线国家和地区的经济融合。

3.1.4 地缘经济学理论

地缘经济学强调地理因素对经济活动和国际关系的影响，认为国家和地区之间的经济竞争与合作是基于地理空间上的资源禀赋、市场规模、交通便利程度等因素展开的。地缘经济学关注如何利用地理优势来促进经济发展，提高国家或地区的经济实力和竞争力，同时也注重通过经济合作来解决地缘政治问题，实现地区和平与稳定。

沿海港口服务城市因其濒临海洋的地理位置，拥有丰富海洋资源和便捷海上通道，在地缘经济中具有重要战略地位。这些城市可以充分发挥港口地缘优势，加强与周边国家和地区的经济合作，拓展海外市场，获取资源和技术，提升自身经济实力。我国沿海港口城市通过与"一带一路"沿线国家的港口建立友好合作关系，开展贸易往来和投资合作，促进了区域间的经济融合和共同发展。同时，沿海港口服务城市的经济发展也有助于增强国家的地缘经济影响力，维护国家海洋权益和地缘政治安全。

3.1.5 产业集群理论

产业集群理论强调产业在地理空间上的集聚现象及其优势。产业集群是指在特定区域中，大量产业联系密切的企业以及相关支撑机构在空间上集聚，并形成强劲、持续竞争优势的现象。产业集群内的企业通过共享基础设施、劳动力市场、技术创新成果等资源，降低了生产成本，提高了生产效率。同时，产业集群还促进了企业之间知识交流和技术创新，增强了企业的创新能力和市场竞争力。

沿海港口的集聚效应使得众多与港口相关的产业在港口周边集聚，形成产业集群。以港口为核心，航运企业、物流企业、临港加工制造业、贸易企业等相互关联的产业构成了一个有机整体。例如，航运企业的集聚使得港口能够提供更加密集的航线服务，提高了港口的吸引力；物流企业的集聚优化了货物的仓储和配送流程；临港加工制造业利用港口的便利运输条件，降低了原材料和产品的运输成本。这些产业之间的协同发展，形成了一个完整的产业链条，提高了产业附加值。在"一带一路"背景下，沿海港口产业集群能够更好地对接国际市场，承接国际产业转移，促进产业的国际化发展，同时也为城市融入"一带一路"提供了坚实产业基础。

3.1.6交通经济带理论

交通经济带理论认为，交通干线的建设和运营会引起沿线地区的经济要素集聚和产业发展，形成以交通干线为轴的经济带。交通干线的运输能力和运输效率的提高，会降低沿线地区的物流成本，促进区域之间的经济联系。经济要素在交通干线沿线的集聚，会引发产业的兴起和发展，进而带动区域经济的繁荣。交通经济带的发展一般经历由点到线、由线到面的过程，即首先是交通枢纽点（如港口、车站等）的经济发展，然后通过交通干线将各个枢纽点连接起来，形成经济发展轴线，最后经济轴线的辐射作用带动周边地区的经济发展，形成一个经济带。

沿海港口是交通经济带的重要节点和核心组成部分。在"一带一路"建设中，沿海港口服务城市所在的沿海地带构成了交通经济带的前沿阵地。港口作为海陆交通的交汇点，连接着国内外的市场和资源。通过海上运输通道和内陆的集疏运通道，港口将国内外的经济要素集聚到城市及其周边地区，带动了临港产业的发展，形成了以港口为核心的交通经济带。沿海港口城市通过建设疏港铁路、公路等集疏运设施，将港口的经济影响力向内陆延伸，促进内陆地区的产业布局和经济发展，从而在"一带一路"沿线构建起一个具有强大经济辐射能力的交通经济带。

3.2 沿海港口在服务城市融入"一带一路"中的战略支点价值

3.2.1 物流枢纽与贸易通道拓展价值

沿海港口作为水陆联运的关键节点,拥有完善的集疏运体系,能够高效地整合海运、内河航运、铁路运输和公路运输等多种运输方式。在"一带一路"倡议下,其物流枢纽功能进一步放大。例如,上海港凭借先进的港口设施和广泛的航线网络,不仅可以将中国内陆地区生产的各类货物,如机电产品、纺织品等快速运往欧洲、东南亚等"一带一路"沿线地区,同时也能将国外的原材料、高端装备等进口到国内,促进了沿线国家和地区之间的贸易往来。通过加强与中欧班列等内陆运输通道的衔接,沿海港口还能够延伸其贸易辐射范围,形成海铁联运等多式联运模式,有效降低物流成本,提高贸易效率,为城市及周边地区融入"一带一路"的贸易网络开辟了广阔通道。

3.2.2 产业集聚与升级推动价值

沿海港口周边往往形成了大规模产业集群。一方面,港口的便捷运输条件吸引了大量临港产业,如石油化工、钢铁制造、船舶修造等传统产业集聚。以青岛港为例,其周边的石化产业园区依托港口的原油进口优势不断发展壮大。另一方面,在"一带一路"背景下,沿海港口城市借助与沿线国家的交流合作,推动产业升级转型。港口城市可以引进国外先进技术和管理经验,发展高端制造业、现代服务业等新兴产业。例如,深圳港所在的深圳,利用港口与全球的联系,大力发展电子信息、人工智能等高新技术产业,提升了城市产业的竞争力和附加值,并且通过产业的前后向关联效应,带动了城市整体产业结构的优化升级,使城市在全球产业链中的地位得到了提升,更好地融入了"一带一路"产业分工体系。

3.2.3 区域经济辐射与协同价值

沿海港口服务城市以港口为核心，对区域经济具有强大的辐射带动作用。从国内来看，港口城市能够带动周边地区的经济发展，促进区域经济一体化。例如，宁波港带动了浙东地区的经济繁荣，通过港口物流和产业协同，周边城市的制造业、商贸业等得到了快速发展。在国际层面，沿海港口城市可以与"一带一路"沿线其他港口城市建立友好合作关系，实现资源共享、优势互补。如中国与东盟国家的港口城市之间开展的港口合作项目，促进了双方在贸易、投资、旅游等多领域的交流合作，带动了区域间的经济协同发展，提升了整个区域在全球经济格局中的影响力，使沿海港口成为区域经济协同发展的重要战略支点。

3.2.4 文化交流与国际合作桥梁价值

沿海港口自古以来就是文化交流的重要窗口。在"一带一路"倡议下，港口城市更是成为不同文化交融碰撞的前沿阵地。随着人员、货物的频繁往来，沿线国家的文化、艺术、宗教等元素在港口城市汇聚。例如，广州港作为"海上丝绸之路"的重要起点之一，长期以来就是中外文化交流的重要场所，如今在"一带一路"建设中，通过举办各类文化节、艺术展览等活动，进一步促进了中国与东南亚、西亚等地区的文化交流。同时，这种文化交流也为城市在科技、教育、医疗等其他领域的国际合作奠定了良好基础，增进了相互之间的了解与信任，拓宽了城市国际合作渠道，使沿海港口成为连接不同文明、促进国际合作的坚实桥梁和战略支点。

3.3 沿海港口服务城市融入"一带一路"相关实践

3.3.1 上海港

作为我国最大的经济中心城市与贸易口岸，上海历来是联通中外市场、促进国内国际"双循环"的枢纽节点，既是"丝绸之路经济带"的东部沿边城市，又是"21 世纪海上丝绸之路"的始源地区城市，属于"一带"与"一路"、"内陆"与"沿海"的交会点。上海港位于长江三角洲前缘，位居中国 18 000 千米大陆海岸线的中部、扼长江入海口，地处长江东西运输通道与海上南北运输通道的交会点，是中国沿海的主要枢纽港，中国对外开放、参与国际经济大循环的重要口岸，也是中国最大的港口。上海港 2023 年集装箱吞吐量突破 4 900 万标准箱，连续第十四年坐稳世界集装箱第一大港的位置。

世界各大班轮公司都在上海港开设了通往 200 多个国家和地区的 600 多个航班。上海港每月的国际航班数超过 1 300 班，成为世界上港口航线密度最大的港口。整个上海港航线密度最广的区域恰恰是"21 世纪海上丝绸之路"的分布区域，覆盖了亚欧航线、中东航线、非洲航线、东南亚航线。上海港与"一带一路"沿线国家和地区的 100 多个港口建立了密切联系，航线可直达地中海、东南亚、波斯湾和非洲等地。

（1）推进国际航运中心建设，提升上海在"一带一路"沿线国际影响力

当前上海已基本建成航运资源要素集聚、航运服务功能完善、航运市场环境优良、航运物流服务高效的国际航运中心，初步具备全球航运资源配置能力。通过国际航运中心的建设，进一步夯实了上海"一带一路"桥头堡的地位，在提升上海全球城市门户枢纽地位的同时，提升了上海在"一带一路"沿线国家和地区间的国际影响力和辐射力。

在海港物流体系建设方面，洋山深水港四期成为全球规模最大、自动化程

度最高的集装箱码头，上海港集装箱吞吐量、港口连接度保持全球首位。集疏运体系进一步优化，芦潮港铁路中心站与洋山深水港一体化运营取得突破，集装箱水水中转比例达 51.6%。口岸通关各环节基本实现无纸化，港口业务无纸化率达 100%。清洁能源设施、技术在港口推广应用，专业化泊位岸电设施覆盖率达 79%。区域港航协同发展有序推进，长江集装箱江海联运实现信息共享和业务协同。航海服务保障水平显著提升，洋山港、长江口 E 航海项目全面完成，空中、水面、水下三位一体应急保障体系基本建成。

在现代航运服务功能健全方面，航运保险市场规模逐步扩大，船舶险和货运险业务总量全国占比近 1/4，国际市场份额仅次于伦敦和新加坡。航运信息服务发展迅速，中国出口集装箱运价指数（CCFI）、中国沿海煤炭运价指数（CBCFI）得到市场广泛认可，基于"中国航运数据库""港航大数据实验室"的应用项目相继实施。上海海事法院和海事仲裁服务机构共同打造国际海事司法上海基地，海事仲裁服务全国领先。吴淞口国际邮轮港成为亚洲第一、全球第四邮轮母港，邮轮商贸、邮轮船供业务得到发展，邮轮船票制度试点实施。成功举办"中国国际海事会展""中国航海日"系列活动，打造中国航海博物馆等航运文化品牌，航运文化辨识度和认同度不断提升。

在航运市场营商环境优化方面，上海港全面落实国家减税降费部署，降低港口使用成本。上海国际贸易"单一窗口"对接 22 个部门，实现口岸货物申报和运输工具申报全覆盖。除国内水路运输业务，其他航运业务均已对外开放，累计 34 家外资国际船舶管理公司获批入驻自贸试验区。水运行业实施行政审批制度改革，压缩审批承诺时限，大幅精简申请材料，全面推进"证照分离"改革，构建"五位一体"的行业综合监管体制。航运高端人才、紧缺急需人才和特殊人才引进力度不断加大，航运相关学科专业水平持续提升。

（2）健全航运服务功能，为上海与"一带一路"经贸往来提供更加优质的服务

目前，上海已发展形成七大航运服务集聚区，航运资源要素不断集聚。外高桥、洋山—临港地区以港口物流和保税物流为重点，成为现代航运物流示范区。北外滩、陆家嘴地区以航运总部经济为特色，集聚各类航运市场主体。吴淞口地区初步形成邮轮产业链，创建中国邮轮旅游发展示范区，建设国内首个

国际邮轮产业园。虹桥、浦东机场地区依托国际航空枢纽、机场综合保税区、大飞机制造等实体，成为临空经济发展的重要载体。

依托航运服务集聚区，国内外航运、航空企业、功能性机构纷纷落户上海。目前，全球排名前十位的班轮公司、全球排名前五位的邮轮企业、全球前五大船舶管理机构中的 4 家、国际船级社协会正式成员中的 10 家均在沪设立区域总部或分支机构。

在高端航运服务业发展方面，截至 2020 年，上海共有包括 11 家航运保险营运中心在内的 57 家财产保险公司和 3 家再保险公司，船货险保费收入的市场份额仅次于伦敦和新加坡位列第三。上海航运交易所在全球首创的集装箱运价指数已经在全球航运界产生了极大的影响力，成为世界航运市场的三大指数之一，在美国联邦海事委员会（FMC）运价备案所统计的挂钩协议中，与上海航运交易所指数挂钩的协议比例占对方所接收的挂钩合约的 78%，这充分体现了该指数的国际影响力。上海国际航运研究中心作为与上海国际航运中心一起成长起来的本土航运咨询机构，借助上海海事大学的学科优势和人才优势，通过十多年的不懈努力，在国内外航运领域的影响力不断攀升，研究中心倡议成立的"全球航运智库联盟"秘书处常设上海，19 家成员单位遍布包括非洲在内的全球各洲，研究中心编制的"中国航运景气指数"已被国际航运业界广泛引用。在海事法律和仲裁方面，上海的海事相关律所及合伙人数量排名全球第四，海事仲裁案件数占全国 71.4%。在本土高端航运服务业快速发展的同时，一大批具有全球影响力的国际性高端航运服务机构云集上海。

依托国际航运中心建设，上海航运资源要素不断集聚，航运服务功能显著提升，口岸营商环境进一步优化，"一带一路"的枢纽地位得到进一步巩固，为上海与"一带一路"沿线国家和地区贸易往来提供优质服务。

（3）拓展国际港口多元合作，提升上海在"一带一路"沿线国家和地区的辐射力

近年来，上海港深入推进国际化战略，不断完善全球码头网络布局。2021 年 9 月，由上海国际港备（集团）服务有限公司（简称上港集团）在海外投资建设并拥有运营权的自动化集装箱港口—以色列海法新港举行开港仪式。码头集装箱"第一箱"通过远程自动化操作顺利起吊，标志着我国企业首次向发达国家输出"智慧港口"先进科技和管理经验，为"一带一路"合作画下浓墨重

彩的一笔。上港集团积极响应国家"一带一路"倡议,经过激烈的竞标,从多家国际竞争者中脱颖而出,获得了海法新港码头运营权,于 2018 年正式启动港口建设工程。项目计划分两期建设,2021 年一期已建成。一期码头岸线长度805.5 米,年设计吞吐量为 106 万标准箱。二期码头岸线长度 715.7 米,年设计吞吐量为 80 万标准箱。以色列国家港口公司负责该项目码头水工和码头前沿部分的建设,上港集团以色列公司负责项目码头后方陆域的地基处理、上层建筑施工、设备配置等投资建设,开港后全面负责运营管理。该码头是以色列60 年来又一个新码头,也是迄今为止地中海沿岸最先进、最绿色、建设速度最快和成本最节省的码头,采用全球最先进的港口技术,在自动化程度、作业效率、节能环保、客户服务等各方面,将给海法港,乃至整个以色列港口行业带来提升。

海法新港位于以色列重要的港口城市海法市,它是以色列北部的交通和工业中心,地中海沿岸的铁路枢纽,在国际航运版图中占有重要地位,也是"一带一路"沿线重要的节点港口。海法新港项目的建成投产,让以色列海法有了更为优质高效的货物进出口基础设施。同时,海法新港的建成开港,也是上港集团在国际化道路上迈出的重要一步。上港集团将不断强化与国际港口及航运企业的战略合作,建立完善的国际化物流网络,努力把海法新港打造成上港集团国际化项目的标杆、地中海东岸的重要节点,以及上海港连接中东、欧洲的重要支点。

3.3.2 宁波—舟山港

宁波—舟山港地处中国大陆海岸线中部,位于"丝绸之路经济带"和"21 世纪海上丝绸之路"两翼交会的枢纽位置,紧邻全球最繁忙的国际主航道,区位优势突出,内外辐射便捷。宁波—舟山港是中国对外开放一类口岸,中国沿海主要港口和中国国家综合运输体系的重要枢纽,中国国内重要的铁矿石中转基地、原油转运基地、液体化工储运基地和华东地区重要的煤炭、粮食储运基地。该港作为上海国际航运中心的重要组成部分,是服务长江经济带、建设舟山江海联运服务中心的核心载体,浙江海洋经济发展示范区和舟山群岛新区建设的重要依托,宁波市、舟山市经济社会发展的重要支撑。

宁波—舟山港主动适应以国内大循环为主体、国内国际"双循环"相互促进的新发展格局,充分利用好"一带一路"、长江经济带枢纽节点等区位优势,织密服务网络。集装箱航线总数创下 260 条的历史纪录,其中与"一带一路"相关的航线总数超过 100 条,全年航班升至近 5 000 班,完成集装箱吞吐量超 1 000 万标准箱。

(1)强化海陆双向联动,助力宁波打造"一带一路"最佳枢纽叠加点

宁波—舟山港加大与全球航运巨头合作,加强丝路沿线国家和地区航线航班开发力度,成为名副其实的"21 世纪海上丝绸之路"国际枢纽大港。对比 2013 年、2018 年,宁波—舟山港"一带一路"航线从 73 条升至 90 余条,全年航班从 3 654 班升至近 5 000 班,全年箱量从 753 万标准箱升至超 1 000 万标准箱。其中,东南亚航线从 20 条增至 38 条,覆盖了越南、泰国、缅甸、马来西亚、印度尼西亚、新加坡、菲律宾、柬埔寨等东南亚国家,成为东南亚国家输往日韩、北美等地国际贸易货源的重要中转站。

近年来,宁波—舟山港海铁联运业务量迅猛增长,年均增长速度居我国沿海港口前列。"宁波—华东地区"集装箱铁水联运通道被列为全国首批 6 个示范项目之一,港口集装箱铁水联运物联网应用示范工程被列为"国家物联网重大应用示范工程"。2018 年 5 月 18 日,北仑港区煤炭泊位改造正式竣工通过验收,加上 2020 年 4 月穿山港铁路支线穿山港站正式启用,宁波—舟山港可再新增海铁联运年作业能力超 100 万标准箱,进一步提升对接"丝绸之路经济带"的服务能力。同时,宁波—舟山港多个港区直通铁路的优势得到充分发挥,新开拓安庆、海安等 16 个海铁联运业务点,新开通海安、芜湖 2 条海铁联运班列,海铁联运班列总数达 19 条,业务辐射全国 15 个省、自治区、直辖市,56 个地级市,基本形成了北接古丝绸之路、中汇长江经济带、南攮千里浙赣线的三大物流通道。

宁波—舟山港兼具海、陆两大枢纽功能,成为与"21 世纪海上丝绸之路"沿线国家和地区对接最好的国内海港之一、面向"丝绸之路经济带"的港区与铁路衔接最好的国内海港之一,两大枢纽、两个"最好",形成双重"1+1>2"的叠加联动效应,助力宁波打造"一带一路"最佳枢纽叠加点。

（2）完善多方发声渠道，提升宁波在"一带一路"沿线国家和地区的影响力

2019 年 4 月，外交部公布第二届"一带一路"国际合作高峰论坛成果清单，与浙江省海港投资运营集团有限公司（简称浙江省海港集团）相关的《海丝港口合作宁波倡议》、中印尼相关港口合作项目、16+1 贸易指数及宁波港口指数、"一带一路"迪拜站建设项目等四大成果名列其中，相关成果还在 6 月被列入"一带一路"倡议提出六年来浙江省推进建设成果清单。这是浙江省海港集团积极响应"一带一路"倡议，充分发挥全球第一大港宁波—舟山港的业界影响力和作用，主动参与全球航运互联互通网络建设所取得的重要成果。

2021 年 10 月，第六届海丝港口国际合作论坛（简称海丝论坛）在宁波举行。海丝港口国际合作论坛创办于 2015 年，已成功举办 6 届，共有 40 多个国家和地区的 200 多家单位、逾 2 500 人次参加，已成为全球港航相关单位交流合作的重要平台，也成为对接"一带一路"国际合作高峰论坛方面最具影响力的国内港航专业性论坛。在 2018 年第四届海丝港口国际合作论坛闭幕式上发布的《海丝港口合作宁波倡议》还被列入第二届"一带一路"国际合作高峰论坛成果清单。

宁波航运交易所研发的海上丝路指数，已经发布了宁波出口集装箱运价指数（NCFI）、海上丝路贸易指数（STI）、16+1 贸易指数（CCTI）、宁波港口指数（NPI）和宁波航运经济指数（NSEI）五大指数，并先后写入《共建"一带一路"：理念、实践与中国的贡献》报告和《共建"一带一路"倡议：进展、贡献与展望》报告。其中，16+1 贸易指数和宁波港口指数被列入第二届"一带一路"国际合作高峰论坛成果清单，海上丝路贸易指数被列入首届"一带一路"峰会成果清单，宁波出口集装箱运价指数（NCFI）作为习近平主席访英期间中英双方达成的重要成果之一，2015 年 10 月在波罗的海交易所官网发布，这是中国航运指数首次走出国门。目前，海上丝路指数及相关报告被中国"一带一路"官网、新华网、丝路经贸与投资战略智库、中国证券网等定期发布，越来越多的企业利用指数作为市场预测、价格谈判和协议结算标准。

通过举办海丝论坛、发布海上丝路指数等方式，宁波—舟山港在"一带一路"领域的对外发声渠道进一步完善，有效提升了城市在"一带一路"沿线国

家和地区的知名度和影响力。

（3）加深沿线友好港合作，拓展宁波与"一带一路"沿线国家和地区的商贸合作

通过海丝论坛，宁波—舟山港加深了与"一带一路"沿线国家和地区港口之间的合作关系，先后与马来西亚巴生港、德国汉堡港务局、德国威廉港集装箱码头亚德港—营销有限公司等签订了友好合作协议。截至目前，宁波—舟山港已与英国菲利克斯托港、法国马赛港、意大利利沃尔诺港、西班牙希洪港、埃及塞得港、斯里兰卡科伦坡港等20多个"一带一路"沿线港口建立了友好港关系。

共建内引外联。"引进来"方面，近年来，宁波—舟山港与总部位于"一带一路"沿线国家和地区的全球航运巨头加强沟通，通过共同出资运营穿山港区集装箱码头等方式，实现了"大港"与"大船"的强强联手。"走出去"方面，2017年4月，浙江省代表团对阿联酋进行友好访问，期间考察了迪拜杰贝阿里自贸港区，见证了浙江省海港集团、宁波—舟山港集团有限公司与迪拜环球港务集团合作谅解备忘录签约仪式。一年后，浙江省海港集团与迪拜迪拜环球港务集团在浙江省人民大会堂签署合作协议，合作打造义乌—迪拜直通仓项目。2018年9月，浙江省海港集团与迪拜环球港务集团在迪拜杰贝阿里自由区举行"一带一路"迪拜站启动仪式，合力打造"一带一路"迪拜站，建设兼具物流、商贸、展销、轻加工等服务功能的立体化开放综合体，打造"中国制造"在"全球销"的集散地，建立"中国商品"在"全球展"的主门户，带动中国与阿联酋及中东、东非、中亚地区等周边国家或地区的双向贸易和投资增长。在首届中国—中东欧国家博览会暨国际消费品博览会召开期间，迪拜站建设迈出坚实一步。浙江省海港集团在境外经贸合作区域长三角企业对接会上，作为迪拜站建设主体牵手义乌中国小商品城、轻纺城、圆通速递、华章科技、执御信息等6家单位，共同签约成立国内平台公司，负责推进今后迪拜站的建设。2019年4月，在"一带一路"高峰论坛期间举行的全球海洋支点—一带一路（GMF-BRI）商业论坛上，浙江省海港集团落实国家发展改革委与印度尼西亚（简称印尼）海洋统筹部签署的关于区域综合经济走廊建设合作规划，分别与印尼第一港务公司、印尼第二港务公司签署谅解备忘录，其中与印尼第一港务公司达成了合作开发瓜拉丹戎国际枢纽港和产业园区的意向，与印尼第二港

务公司建立了长期姐妹港友好合作关系。

从最初沙特无水港管理建设的支持,到如今的迪拜直通仓项目、"一带一路"迪拜站落地,中印尼项目合作的签约,浙江省海港集团与合作伙伴携手推动了双方的商贸合作,更好地服务城市融入"一带一路"建设。

3.3.3 青岛港

青岛港,始建于 1892 年,是世界第五大港、中国第二大外贸口岸、沿黄河流域最大的出海口,位于山东半岛胶州湾畔,濒临黄海,与日本和朝鲜半岛隔海相望,是中国沿黄河流域和环太平洋西岸的国际贸易口岸和中转枢纽。青岛港地处环渤海地区港口群、长江三角洲港口群、日韩港口群中心地带和"一带一路"十字交会点,区位优势明显,承接建设国内大循环北方枢纽、港口型国家物流枢纽和打造"一带一路"合作新平台、山东对外开放桥头堡等国家、省市战略,战略地位突出,港阔水深、不冻不淤,自然条件优越。

青岛港航线密集,拥有集装箱航线 200 余条,遍及全球 180 多个国家和地区的 700 多个港口,航线密度位居中国北方港口第一位。在 2019 年联合国贸易和发展会议发布的全球港口连通性指数中,青岛港位列全球第八、中国第四。青岛港服务优质,实施"四项承诺、八项保障"量化服务标准,集装箱、铁矿石、纸浆等货种作业效率保持世界第一,为广大船东、货主提供了最优质的硬核服务;国际化进程加快,拥有中远海运、马士基、迪拜环球等众多世界级战略合作伙伴,与全球 25 个港口建立友好港关系,成为全球航运商业网络(GSBN)中仅有的两家港口会员之一。

(1)大力发展海铁联运,构建青岛与"一带一路"沿线国家和地区的物流大通道

近年来,青岛港积极融入国家"一带一路"倡议,加快推进海铁联运线路设计和内陆港建设布局,在全国各地先后开通 38 条集装箱班列线路,其中管内线路 26 条,管外线路 8 条,"覆盖山东、辐射沿黄、直达中亚"的海铁联运物流大通道基本形成。青岛港多式联运实现良好发展,主要得益于几个方面的优势。

一是政府支持。近年来,国家高度重视多式联运发展,先后出台了一系列

指导性文件。国家物流业发展中长期规划中 18 处提到多式联运，将多式联运工程列为十二大重点工程之首。青岛市"十三五"物流业发展规划中把多式联运列入 12 项重点工作之一。2017 年，《2017 年青岛"一带一路"背景下海铁联运发展》蓝皮书正式发布。蓝皮书提出以打造青岛自由贸易港为目标，以服务于日韩、美国、中国东南沿海等环太平洋沿岸地区与中亚、欧洲之间的货物交流为主线，陆海内外联动、东西双向互济，港航＋班列＋境外基地＋产业联动，把青岛建设成为我国北方"一带一路"的主枢纽、新亚欧大陆桥国际经济合作走廊的主通道、自由贸易港国际合作的平台和海陆枢纽节点。

二是布局合理的内陆组合港群，青岛港联合海关、铁路等部门，在山东省内外布局内陆港，真正把码头搬到了内陆。

三是信息互通的数据共享平台。以电子数据交换为基础，青岛港建立了网上订舱中心、内陆港协同操作、客户综合服务等应用平台，实现了与海关、铁路、船公司等众多相关方的系统联网。

四是功能齐全的综合物流服务体系，青岛港是北方大港，港内铁路线路密集，仅青岛老港内就有 10 多条铁路线，完全可以满足疏港需求。而且青岛港是铁路货运的到达大港，车皮供给充足，很少出现车皮短缺现象，这也是青岛港独一无二的优势。这几年，随着青岛老港区、前港港区、董家口港区的作业能力不断加强，青岛港海铁联运周转效率进一步提高，这也为青岛港发展"一带一路"海铁联运提供了强大支持。

中欧班列、中亚班列、中蒙班列、中韩快线、东盟专线……青岛持续推进海铁联运无缝衔接，打造以青岛港为轴线、辐射欧亚的国际物流网络，在降低物流成本的同时，为日韩及欧亚国家双向过境提供了畅通、快捷的物流通道。

（2）建设东北亚国际航运枢纽中心，放大青岛在"一带一路"沿线国家和地区的影响力

山东港口明确以青岛港为中心合力建设东北亚国际航运枢纽中心，各大港口加快融合，注册在青岛的贸易、金控、航运、产城融合等十大板块公司也带动更多要素向青岛集聚。

2021 年，山东港口围绕港口主业设立或参与设立了中国北方国际油气中心、大宗商品交易中心、山东国际航交所、百亿级市场化产业母基金等，构建高端服务平台，保税原油混兑调和、保税船供油等新业态不断壮大，加快由单

一港口运营商向供应链综合服务商转型。

以落户山东自贸试验区青岛片区的山东国际大宗商品交易平台为例，依托青岛港作为东北亚重要大宗商品流通枢纽的区位优势，构建多层次、多品类、多模式的大宗商品定价中心，更好地分享供应链优化增值收益，更有效率地实现内外市场联通，推动大宗商品贸易集聚高效发展，为自贸试验区提供制度创新范例。在这一进程中，青岛港更高昂"龙头"地位，主动融入新发展格局、抢抓 RCEP 机遇，推进期货交易、临港产业、冷链物流等高端港航物流服务业发展进入快车道，助力青岛进一步提升在全球要素配置中的话语权和竞争力。2021 年 7 月，由山东港口青岛港集团有限公司、青岛国信金融控股有限公司和青岛上合发展集团有限公司共同出资设立的山东港信期货有限公司（简称港信期货）正式开业，实现了青岛法人期货公司零的突破，也成为中国期货业的一次"破冰"。成立以来，港信期货依托港口产业优势、交割优势、供应链金融优势，在港口优势大宗商品上迅速做大做强。2021 年 8 月，青岛港董家口原油码头二期、液体化工码头正式投产，助力青岛港形成由董家口港区和黄岛港区两翼齐飞的世界级大型原油码头作业集群，推动山东港口打造国际原油中转分拨基地，加快建设东北亚国际航运枢纽中心。除了码头建设，涉及集疏运、临港产业、配套设施、仓库堆场等一系列产城融合项目都在紧张施工，加快建设国家能源储运中心和大宗散货集散中心。

剑指东北亚国际航运枢纽中心的青岛港，未来将在全球港航业扮演更加重要的角色，同时也将进一步扩大青岛在"一带一路"沿线国家和地区的影响力。

（3）加速全球布局，助力青岛扩大"一带一路"沿线朋友圈

青岛港自 2014 年开始实施国际化战略积极"走出去"，通过与世界级企业强强联合，实现了管理输出、资本输出、技术输出、品牌输出，开启了建设世界一流的国际化港口的新征程。2016 年至今，青岛港先后与吉布提港、埃及塞得港、马来西亚巴生港、俄罗斯圣彼得堡港等"一带一路"沿线港口建立友好港关系，在"一带一路"沿线的港口"朋友圈"越来越广。

当下的青岛港正致力于建设世界一流的国际化港口和国际港口码头运营商。作为联通"一带一路"的重要港口枢纽，凭借优越的区位优势和开放的政策优势，青岛港已经发展成为东北亚重要的区域性航运与物流中心。融入"一

带一路"建设，青岛港放眼世界、立足全球，开启了建设世界一流的海洋港口的新时代，率先在"一带一路"沿线布局"朋友圈"，是其国际化战略的"先手棋"。随着一个又一个战略合作框架协议的签署，青岛港的"朋友圈"沿着"一带一路"持续落子布局，不断延展，已横跨亚、欧、非、美等各大洲：南有巴基斯坦瓜达尔港，柬埔寨西哈努克港，马来西亚关丹港、巴生港等。西有埃及塞得港、吉布提吉布提港、德国汉堡港等。北有法国布雷斯特港、土耳其马普特港等，构筑起联通世界的大格局，实现全球范围内的布点布局。得益于青岛国际城市战略和"国际化＋"行动计划的深入实施，青岛港的国际友好港还有望继续扩容。

随着海外"朋友圈"越来越广，青岛港的发展版图也从胶州湾"搬"到世界，在世界运输网络中重新定义了青岛的位置，加速迈向"一带一路"国际枢纽港。抢抓"一带一路"带来的巨大机遇，青岛港从陆向、海向双向发力，充分发挥通洲达海、链接世界的新动能优势。

3.3.4 厦门港

厦门港，是中国福建省厦门市和漳州市港口，位于中国东南沿海、台湾海峡西岸，地处福建省南部、九龙江入海口，是中国沿海主要港口、中国对外开放一类口岸，也是福建省主要出海口之一。根据厦门港口管理局信息显示，厦门港共拥有厦门市东渡、海沧、翔安和漳州市招银、后石、石码、古雷、东山、诏安 9 个港区，开通集装箱班轮航线共 157 条，其中国际航线 99 条，内支线 12 条，内贸线 46 条。2021 年，厦门港完成货物吞吐量 2.275 亿吨，完成集装箱吞吐量 1 204.57 万标准箱。全年每天都有远洋巨轮进出港，成为厦门与"一带一路"沿线国家和地区之间经贸往来的最紧密纽带。自"一带一路"倡议提出以来，厦门港已经与马来西亚巴生港、美国迈阿密港结成友好港，目前永久友好港已达 11 个。

（1）打造"丝路海运"品牌，助力厦门打通与"一带一路"互联互通的新通道

2018 年 12 月，福建省交通运输集团有限责任公司、厦门港务控股集团有限公司等共同发起成立"丝路海运"联盟的倡议，同时首条以"丝路海运"命

名的集装箱航线开行。"丝路海运"从厦门港启航,一个全新的"一带一路"海上综合物流服务品牌,从无到有,从有到优,从福建走向世界。打造"丝路海运",是福建落实"一带一路"倡议、建设"21世纪海上丝绸之路"核心区、促进对外开放和国际交流合作的重要举措,目前"丝路海运"联盟成员已突破200家,涵盖港口、航商、物流、贸易、金融、投资、信息、科研、媒体等多个行业企业,通过资源投入、标准制定、政策扶持、业务创新等手段不断推动航线加密、运量增长、要素聚集和服务提升,"丝路海运"命名航线已达72条。这些航线通达27个国家的58个港口,其中涉及"一带一路"的19个国家33个港口,"丝路海运"已经发展成为"一带一路"国际航运物流服务的新品牌,与中欧班列形成了陆海内外联动、东西双向互济的国际贸易新通道。依托"丝路海运",一方面推动福建与"海丝"沿线国家和地区港口、航运企业合作交流,加密集装箱航线,加快发展东南沿海内支线、海峡间支线和内贸线,逐步构建以国际干线为骨干、近洋线为支撑、内贸线为补充的"丝路海运"航线体系。另一方面,推进陆海资源整合,完善疏港铁路、公路网络,完善覆盖福建、服务全国的海铁联运基础设施体系,充分发挥陆地港在通关、拼箱、退税、签发提单、仓储、运输、提箱还箱等方面的"一站式服务"功能,从而进一步畅通福建连接长三角、珠三角和中西部地区的陆上运输大通道,最终将福建打造成为带动沿海、辐射内陆、服务"海丝"沿线国家和地区的海上合作战略支点。

通过"丝路海运"品牌的打造,进一步提升了厦门港在"21世纪海上丝绸之路"领域的知名度与影响力,为厦门与"一带一路"沿线国家和地区的贸易往来提供有力支撑。

(2)大力发展邮轮经济,打造厦门与"一带一路"沿线民心相通纽带

厦门港是中国东南沿海重要的水上门户,是交通运输部确定的开展邮轮运输试点示范工作的四个港口之一。"十三五"以来,厦门港持续深化供给侧结构性改革,强化母港属性,全面提升邮轮接待服务能力,邮轮接待量和旅客吞吐量稳步增长,并带动产业链向上下游延伸。2019年,厦门港延续2018年的高增长态势,全年共接待邮轮136艘次,完成旅客吞吐量41.37万人次,分别比2018年增长41.67%、27.38%,创开港以来的历史最好成绩。邮轮旅游已经成为厦门全域旅游的重要组成部分,助力厦门打造高素质、高颜值现代化国际

化的城市形象。

厦门港地处东南沿海、台湾海峡西岸，在港口地理位置上具有布局母港邮轮航线的先天优势，往北可达日本九州和韩国，往东可达中国台湾等，往南则可覆盖越南、菲律宾等东南亚港口。邮轮旅游业是个环境敏感型产业，受地缘政治事件影响，2016年6月和2017年3月，中国台湾航线和韩国航线相继停航，冲绳航线迅速成为厦门邮轮母港的主打航线。2017—2019年，该航线占厦门母港航次数量的比重分别达到81.25%、76.47%和84.38%。一边是邮轮接待艘次和旅客吞吐量快速增长，一边是航线定位单一、缺少主题特色、长短缺少配置，厦门邮轮产业的初级阶段发展特征依然明显。

厦门与"海丝"沿线国家和地区尤其是东南亚国家的经贸往来和文化交流源远流长。独特的五缘关系（地缘、血缘、史缘、商缘、文缘）是厦门港发展"21世纪海上丝绸之路"邮轮航线的重要依托。20世纪八九十年代，厦门港就开始接待从欧洲或东南亚港口出发沿"海上丝绸之路"到访的国际邮轮，成为当时国际游客发现厦门、认识厦门、了解厦门的重要窗口。从2016年8月开通第一条"海丝"邮轮航线以来，厦门港务控股集团持续响应国家"一带一路"倡议，"一带一路"特色航线的开发走在国内前列，并赢得市场火爆反响。2015年和2018年，厦门市政府在两轮邮轮经济促进政策中均有针对性地对"海丝"航线进行扶持，同时与港口、邮轮公司、旅行社等市场主体开展多渠道合作，通过打造平台、创新业务模式，共同探索"海丝"邮轮的发展之路。厦门港游轮航线的特色是通过文化品牌输出，把华人华侨和大陆旅客从情感上连接起来。2018年3月，厦门港以邮轮为载体，在马尼拉、亚庇、斯里巴加湾等东南亚港口开展以"海丝路—闽南情"为主题的"中国厦门文化旅游汇"交流活动，登陆菲律宾、文莱、马来西亚，通过重走"海丝"，传播乡音乡情，展现文化自信，这是我国首个以邮轮为载体的"一带一路"文化艺术交流推广活动，通过文艺演出、合作论坛、旅游推介等多种形式宣传厦门城市形象，传播闽南文化，打造人文纽带。该主题航次在相关"海丝"沿线国家引起强烈共鸣，是"邮轮+文化""邮轮+厦门"融合发展的一次大胆尝试，成为"21世纪海上丝绸之路"建设在邮轮旅游领域的成功实践。

（3）着力推动港口整合，助力城市形成强大合力共建"一带一路"

在2006年之前，厦门湾的港口涉及多个行政管理主体，分别为厦门港务局、漳州港务局和漳州招商局。这种"三足鼎立"的局面让各个港区在规划、基础设施建设、业务分配、纳税退税、招商引资、航道管理等诸多方面存在矛盾。在厦门港集装箱码头整合前，从事港口集装箱码头经营的主体主要有9个，单个经营主体泊位岸线长度较短，连成一片的泊位岸线最长的有1510米、最短的只有166米。由于过度分散的码头经营主体，且每个主体的规模小，造成各个经营主体的资源无法共享使用，使航线业务无法实现优化、泊位得不到高效合理利用、内外贸作业能力不平衡、港口经营效益远低于同行业水平、港口整体竞争力不强。在此背景下，为更加合理地使用码头资源、优化功能布局和资源配置，提高服务效率，2006年福建省开始整合当时的厦门港和漳州港。

厦门港的港口整合经验主要分为以下几个方面。

一是从省级层面出台政策，支持港口码头进行资产重组。为了进一步提升港口竞争力，近年来，福建省密集出台了政策——《福建省人民政府关于加快发展港口群促进"三群"联动的若干意见》（闽政〔2012〕46号）、《福建省人民政府关于支持厦门东南国际航运中心建设十条措施的通知》（闽政〔2012〕50号）、《福建省人民政府关于进一步加快海西港口群发展十条措施的通知》（闽政〔2013〕29号）和《关于加快港口发展的行动纲要（2014—2018年）》，明确提出将加大力度支持福建省交通集团和厦门港务加快对其他港口码头进行资源整合，将其打造成为国内具有重要影响的两大港口企业。

二是整合港口管理部门，从政策、体制等多个方面逐步推进。将厦门、漳州两市港口管理部门合并，原厦门市港口管理局改名为厦门港口管理局，模糊市域分界，强化港口概念，将厦门、漳州两市的港口统一为"厦门港"，整合港政、引航等管理服务部门资源，避免因两套管理体制导致的政策不统一、待遇不统一等问题，有利于港口统一管理、统一行动。

三是整合集装箱码头资源，使资源得到合理配置。集装箱码头整合后，新成立的码头运营公司开始对港口业务和航线资源进行优化配置，进一步有效提升港口运营效率。结合岸线资源的特点，进一步优化各港区的业务配置，有效推动了港口整体综合实力提升。厦门港集装箱吞吐量从2013年的800万标准箱增长至2021年的1205万标准箱，居世界集装箱港口第14位，中国集装箱港口第7位。

四是建立港航基金。厦门市设立了港口建设基金，保证厦门港的公共基础设施建设有稳定的资金来源。该基金规模为每年 10 亿元，主要来源是货物港务费、港建费地方留成部分及市财政拨入，主要用于支持厦门市范围内港口公用基础设施建设。

通过港口资源整合，进一步加快了福建省沿海现代化大型港口建设的步伐，凝聚厦门港与漳州港两个港口的资源优势共同参与"一带一路"建设，助力厦门市与漳州市更深层次、更大范围地融入共建"一带一路"。

3.3.5 广州港

广州港是千年"海上丝绸之路"始发港之一、华南最大的综合性主枢纽港和集装箱干线港，是广州打造国际综合交通枢纽、建设国际化大都市的重要战略支撑，是华南地区联通世界的重要门户。2021 年，广州港集团完成货物吞吐量 5.51 亿吨、集装箱吞吐量 2 303 万标准箱，分别同比增长 3.6% 和 6.0%，拥有集装箱航线总数超 200 条，其中外贸集装箱班轮航线超 140 条，班轮航线覆盖国内及世界主要港口。2021 年，广州港货物吞吐量位居全球第四，集装箱吞吐量位居全国第四、全球第五。为深入贯彻习近平总书记对港口发展的系列重要指示精神，全面服务"一带一路"倡议、粤港澳大湾区建设、交通强国等，深度融入"一核一带一区"发展格局，加快建设广州国际航运枢纽，广州港集团不断夯实高质量发展基础，聚焦港口物流主业，发展地产、水产、商旅、金融等多元业务，打造"一核多元"的港口产业体系，建立面向全球、海陆双向、功能完备的港口要素资源集聚平台、整合平台、运营平台，努力把广州港建设成为世界一流港口。

（1）持续开拓"一带一路"航线，优化腹地穿梭巴士布局

广州港发挥港口全球物流链、供应链的重要节点作用，持续巩固"一带一路"沿线航线网络布局。截至 2021 年，广州港集团外贸航线总数有 130 余条，"一带一路"方向航线达到 114 条，覆盖马来西亚、新加坡、俄罗斯等 40 余个"一带一路"沿线国家和地区。2020 年广州港与"一带一路"沿线国家完成集装箱吞吐量约 241.3 万标准箱，同比增长 12.7%。增加航线密度，完善运输布局。广州港在稳定现有航线的基础上，不断拓展外贸班轮航线，从供给端

缓解空箱和舱位紧张问题。发挥驻新加坡、越南、柬埔寨办事处的营销效能，大力开辟"一带一路"沿线国家航线，巩固广州港作为非洲、东南亚核心枢纽港的地位，并持续提升欧美国家、印度、澳洲等航线密度，不断完善航线产品结构。广州港集团还优化驳船运输布局，加大广州港穿梭巴士运输力度，保障南沙与珠三角腹地中小码头之间的驳运服务。目前，71条穿梭巴士航线已全面覆盖黄埔、东莞、中山、江门、珠海、肇庆、佛山、惠州、清远、梧州等地，通达珠三角及广西等地区，成为广东、广西等省区联通"一带一路"的纽带。

（2）大力发展中欧班列，打造珠三角"广货广出"新招牌

广州继重庆、郑州、成都等城市后，成功加入中欧国际货运班列"俱乐部"。从2016年首班列车开出至今，广州中欧班列已从最初的"穗满俄"线路延伸覆盖到波兰、白俄罗斯、哈萨克斯坦、乌兹别克斯坦等多个"一带一路"沿线国家和地区，并以多式联运形式贯通东南亚，发运货物从以电子产品为主逐步扩展到工业原材料、服装、家用电器等。近年来，珠三角地区企业制造的空调、冰箱、路由器等家用电器受到欧洲消费者青睐，不断通过广州中欧班列发往欧洲各地。广州中欧班列不仅成为来往中欧两地的货运大通道，还成为"广货广出"的最佳选择和新的招牌。目前，广州中欧班列已经实现"一周一列"常态化开行，班列开行不到一年就基本达到满载运行，创下国内新纪录。广州积极引导中欧班列运营方申请设立出口监管仓，逐步实现入仓即退税。此举可提高货物通关效率和缩短退税时间，加快形成中欧班列对"广货"的集聚效应，吸引珠三角地区出口商品通过中欧班列运输方式出口，提升中欧班列的装载率。此外，广州打造广东国际铁路产业经济区平台，引导广物控股集团以广物物流白云基地为基础，依托大田、大朗和江村的铁路资源，整合龙湖村和唐阁村用地，建设广东国际铁路产业经济区，运营联通世界的国际铁路班列，建设国内国际铁路物流平台，打造国际铁路产业总部经济。此外，广州港还设立海铁联运平台公司，稳定中欧班列运作，开行首趟"湘粤非"铁海联运班列，打通华中及西部内陆区域至非洲及东南亚等"一带一路"沿线国家的进出口物流通道。

（3）扩大"一带一路"港口"朋友圈"，实现互惠互利共同发展

位于粤港澳大湾区和"一带一路"交会点，广州港正不断扩大自己的"朋友圈"，其国际海运通达80多个国家和地区的300多个港口，并与国内100

多个港口通航。截至 2021 年，广州港的友好港已达 54 个，遍布全球五大洲。2015 年，"一带一路"沿海国家港口联盟由湛江港发起，广州、深圳、汕头、珠海、北部湾港等国内主要港口和东南亚、欧洲等地的主要港口都成为联盟的一员，通过联盟的方式加强港口合作。目前，广州港与"一带一路"沿线的 10 多个国家有集装箱货物贸易往来，主要有泰国、马来西亚、印度、巴基斯坦、埃及、土耳其等，货物对接主要港口有 20 多个，沿线集装箱班轮航线有 66 条。确立友好港关系会给港口的发展带来众多好处，其中最直接的就是促进港口之间的航线开辟、业务交流和经验共享，实现互惠互利、共同发展。扩大"朋友圈"的另一个好处就是利用政策优势，为航运企业提供更便捷的服务，以节省通关时间和降低费用，吸引更多的货物在两港之间运送。此外"朋友圈"把双边的合作扩大到多边，从港口向所在城市和地区扩散，将过去港口双边合作形式上升到多边合作的新高度。通过分享港口经营管理、集装箱运输、多式联运等方面的经验，加强各协议方招商推介、创新技术应用、人员往来等方面的交流与合作，各方可共同发挥港口在物流、经贸、信息等方面的集聚作用，提升港口服务区域的经济能力。广州港正不断扩大着自己的"朋友圈"，将"一带一路"沿线的港口串联起来，实现交流借鉴发展，进而建立起"利益共同体""命运共同体"和"责任共同体"。

3.3.6 烟台港

烟台市处于"21 世纪海上丝绸之路"和"丝绸之路经济带"的延伸交会点，是"一带一路"的枢纽，是亚欧大陆桥的北桥头堡。烟台是全国唯一融入胶东半岛蓝色经济区、黄三角洲高效生态经济区、"一带一路"倡议三个国家级发展政策的支点城市。烟台港位于中国山东半岛北侧芝罘湾内，处于东北亚国际经济圈的核心地带，是中国沿海南北大通道的重要枢纽和贯通日韩至欧洲新欧亚大陆桥的重要节点。烟台港是我国沿海主要港口，是国家正在建设的同江至三亚沿海南北大信道的重要节点，在全国综合运输网中居于重要地位。

烟台港是"一带一路"倡议确定重点建设的 15 个港口之一，是东北亚国际航运物流中转枢纽和中国北方能源、矿石等重要战略物资储备与中转分拨中心。烟台港是山东港口重要的两翼之一，吞吐量排名全国第八，是我国铝土矿进口第一港和中国对非贸易第一口岸。

（1）畅通国际物流通道，打造"一带一路"沿线国家物流的新亮点

烟台港是"一带一路"中非双向物流黄金大通道的始发港。2022年以来，从烟台港始发的中非班轮保持了月均7～8班的密集发运频次，助力"烟台制造"源源不断地走出国门。除了中非班轮，由烟台始发的中欧班列、中韩海上"跨国巴士"都已成为"一带一路"沿线国际物流的新亮点。烟台海关还为"中欧班列"、"中非班轮"、中韩海上"跨国巴士"量身打造快速便捷的通关模式，持续推进"两段准入""船边直提""抵港直装"等通关举措落实，通过船、车无缝对接，打通国内国际物流循环节点，优化国际贸易供应链运转。

烟台港与中海国际、中远海运、大连集发、中韩轮渡、烟台海运等国内外知名的20余家集装箱船公司合作开展集装箱运输业务，并与中海集团、南青公司建立了战略合作关系。已开通至丹东、大连、营口、锦州、秦皇岛、唐山、天津、上海、温州、泉州、深圳、广州黄埔等港口的内贸航线18条，航班月均183班；开通至日本、韩国、新加坡和美国等国家的外贸航线13条，航班月均98班；开通至大连、青岛、上海的外贸内支线3条，航班月均17班。烟台港新开集装箱航线9条，内贸干线达到12条，外贸航线达到21条，其中，日韩集装箱航线13条，航线直达东京、横滨、神户、大阪、釜山、仁川、平泽等日韩主要港口。累计发运欧亚班列92列。与世界70多个国家和地区的100多个港口直接通航，已开通至日本、韩国等国家和地区的5条集装箱航线。烟台港客运总公司主要运营烟台至大连等国内航线和烟台至韩国仁川等国际航线。

烟台港发挥"一带一路"海陆交会点的重要作用，加强商品车航线市场开发，不断增强航线规模。该港主动对接全球各主要集装箱船公司，推出铁水联运集港新模式，仅"汉堡快线"一船便有近千台商品车通过铁路集港，为客户提供便捷的铁路集港新通道。

（2）打造综合服务体系，织密"一带一路"外贸航线网络

近年来，作为山东省内规模最大、班轮航线最多、运输模式最全的商品车专业化码头，烟台港紧抓"一带一路"RCEP发展机遇，依托国内一流商品车滚装码头优势，持续放大航线与货源相互促进效应，加快模式创新和流程创

新，不断织密串联全球的商品车内外贸航线网络，构建覆盖全国、辐射东北亚的港口货源体系，行业影响力、竞争力不断攀升。

2023 年以来，汽车出口滚装船一舱难求等制约广大车企的海外发展，烟台港聚力打造山东港口商品车国际物流多式联运黄金大通道，解决痛点、难点、堵点，稳居全国沿海第五大商品车物流集散港和第三大外贸出口港，其中，国际中转量居全国沿海港口第一位。目前，烟台港服务的汽车品牌已经拓展到 40 余家，相继打通的美、南美、东非、西非、东南亚、欧洲、中东等 30 余个国家和地区的物流通道，依托 9 条外贸航线和 5 条内贸航线，实现全球主要商品车码头全联通，串联起国内沿海主要滚装码头。继 2022 年突破 40 万辆之后，2023 年上半年完成商品车运量 26.1 万辆，同比增长 43.8%。

持续优化港口业务流程。发挥专用滚装泊位优势，进一步提高作业效率，班轮直靠率提高到 100%，装卸准班率提高到 98% 以上；装卸船效率提高到 190 台 / 时，减少船舶在港停时 10%。全力打造港口商品车供应链综合服务体系。从客户需求出发，与山东港口金控、贸易、物流等新兴板块集团及港口相关各类服务业态深度合作，为客户量身设计"港口 + 金融""港口 + 物流""港口 + 贸易"等集成服务方案，实现服务效能最大化。与烟台市一起深耕汽车供应链产业链，携手打造临港汽车物流园、二手车交易市场等平台载体，全力争取整车指定口岸资质，赋能汽车产业加快发展。不断提升港口智慧绿色水平。以数字化转型为主线，加大科技研发投入，不断攻坚港口商品车作业关键核心技术，着力搭建高端科技创新合作平台，加强研发成果推广，持续为全球商品车码头自动化升级贡献"山港方案"。

（3）提供灵活多样的物流服务，助力烟台融入"一带一路"立体运输网络

烟台港后方的铁路网络发达，通过蓝烟线、胶济线与中国铁路网相连。目前正在建设中的德州—龙口—烟台铁路，部分路段已经试运行，该铁路是烟台港通往西北腹地的又一条铁路大通道，往西可以直接贯穿河北、山西、陕西、新疆等整个中国西北内陆地区，并可直达阿拉山口，往北可直达内蒙的二连浩特，通过阿拉山口、二连浩特两个边境关口可与中亚国家、俄罗斯相连。烟台港与中海、中远、中韩轮渡等国内外知名的 20 余家集装箱船公司合作开通内、外贸集装箱航线共 38 条，可到达日本关东、关西主要港口，到达韩国仁

川、釜山、平泽等港口。

烟台全力打造烟台保税港区，已成为我国目前层次最高、政策最优惠、功能最齐全、区位优势最明显的海关特殊监管区域，享受保税区和出口加工区相关税收外汇政策。并且烟台港以芝罘湾港区城市化建造和西港区建设为重点，建设和完善铁路、公路、航空、水路和管道 5 种物流设施，形成贯通东西南北的立体式交通运输网络，促进设施互联和贸易畅通。烟台港积极沿着渤海湾南岸山东半岛北部岸线向西选点开展港口建设和经营，努力构建以西港区等核心港区深水码头为支撑，以西部各港口小码头为节点的功能配置合理的海上集疏运网络，并利用码头群的资源优势创新开发了"散集双向"物流运营新模式。目前，已在莱州、潍坊和滨州三个地区开展了码头投资和港口运营，形成了芝罘湾港区、西港区、龙口港区、蓬莱港区、莱州华电码头、莱州朱旺集装箱码头、寿光港区、滨州套尔河港区等业务分工明确、功能配置合理的码头集群。

3.4 沿海港口服务城市融入"一带一路"路径分析

3.4.1 强化港口物流枢纽功能

一是推动基础设施建设与升级。加大对港口码头、泊位、航道等基础设施的投资力度，依据船舶大型化、专业化发展趋势，建设深水泊位与现代化集装箱码头，提高港口吞吐能力与作业效率。例如，上海港通过建设洋山深水港区，显著提升了集装箱处理能力，增强了在国际航运市场的竞争力。配备先进的装卸设备、仓储设施与智能化管理系统，实现港口运营的自动化、信息化与智能化。如青岛港引入自动化集装箱码头技术，减少人力成本，提高作业精准度与效率。

二是构建多式联运体系。加强港口与铁路、公路、内河航运等运输方式的衔接，建设港口铁路专用线、疏港公路与内河转运码头，完善集疏运网络。以宁波舟山港为例，通过海铁联运，将货物高效运往内陆地区，拓展经济腹地。

发展集装箱多式联运，推广"一单制"模式，实现货物运输"一次托运、一次付费、一单到底"，降低物流成本，提高运输便利性与时效性。

三是打造智慧物流生态系统。利用物联网、大数据、云计算、人工智能等先进技术，构建港口智慧物流生态系统。在港口内部署大量传感器，实现对货物、设备、船舶、车辆等的实时感知与数据采集，通过大数据分析优化港口资源配置，如智能安排泊位、调配装卸设备等，提高运营效率。通过对船舶到港时间、货物流量等数据的分析，提前做好作业计划，减少船舶等待时间。

3.4.2 加强产业协同合作

一是培育临港产业集群。依托港口资源，吸引航运、物流、贸易、加工制造等企业集聚，形成临港产业集群。例如，天津港周边发展了石油化工、装备制造等产业集群，通过产业链上下游企业间的协作，降低生产成本，提高产业附加值。推动产业集群内企业的技术创新与升级，建立公共研发平台与技术服务中心，促进知识共享与技术扩散。如大连港临港产业园区内企业通过合作研发，提升了船舶制造等产业的技术水平。

二是促进产业融合发展。鼓励港口产业与现代服务业融合，发展航运金融、保险、海事法律、信息咨询等高端服务业。上海港所在城市积极打造国际航运中心，汇聚众多金融机构与专业服务机构，为航运企业提供全方位金融与服务支持。推动港口与数字经济融合，利用大数据、物联网、人工智能等技术优化港口运营管理，发展智能物流、电商物流等新业态。例如，深圳港通过数字化转型，实现了物流信息实时监控与智能调配。

三是构建产业协同创新网络。由港口管理部门、高校、科研机构、企业等多方主体共同参与构建产业协同创新网络。企业之间在技术研发、产品创新、市场开拓等方面开展合作，共同攻克产业发展中的关键技术难题，共享创新成果。例如，多家临港制造企业联合开展关于节能环保型港口机械的研发项目，提高整个产业集群的技术竞争力。同时，通过定期举办产业创新论坛、技术交流会等活动，促进各主体之间的信息交流与合作对接，加速创新资源在产业内的流动与整合，形成以港口为核心的开放式、协同式创新生态系统，推动港口服务城市的产业在"一带一路"倡议下不断向高端化、智能化、绿色化方向发展。

3.4.3 拓展贸易市场空间

一是优化贸易便利化措施。加强海关、检疫检验等部门协同合作，建立国际贸易"单一窗口"，简化进出口贸易手续，压缩通关时间。例如，广州港通过"单一窗口"建设，实现了报关报检等业务的一站式办理，大幅提高贸易效率。推进贸易自由化政策试点，如设立自由贸易试验区，开展跨境电商零售进口、保税展示交易等业务。以厦门自贸区为例，通过创新贸易监管模式，吸引了大量跨境电商企业入驻，促进了贸易多元化发展。

二是开拓新兴贸易市场。借助港口航线网络，积极开拓"一带一路"沿线新兴贸易市场，加强与东南亚、中东、欧洲等地区的贸易往来。例如，青岛港通过增开至东南亚的航线，扩大了与该地区的农产品、电子产品等贸易规模。发展服务贸易，提升港口城市在运输、旅游、文化、教育等服务领域的国际竞争力。如海南港口城市利用旅游资源优势，开发海上邮轮旅游线路，拓展国际旅游服务贸易。

三是拓展港口物流增值服务。开展货物包装、加工、组装等增值服务，港口可根据不同货物的特点和市场需求，提供定制化的包装服务，提升货物的附加值。例如，对于一些易碎品或高价值商品，采用专业的防护包装材料和技术，确保货物在运输过程中的安全。同时，通过提供可靠的冷链物流服务，港口能够开拓如高端食品进口、生物医药产品贸易等新兴市场领域，满足特定货物的贸易需求，提升贸易市场的多样性和竞争力。

3.4.4 提升金融服务能力

一是加强金融机构合作与创新。推动本地金融机构与"一带一路"沿线国家金融机构开展合作，建立跨境金融合作联盟，开展跨境信贷、结算、保险等业务。例如，中资银行与新加坡银行合作，为中资企业在东南亚的投资项目提供联合融资服务。创新金融产品与服务，如发展供应链金融，为港口产业链企业提供应收账款融资、仓单质押融资等。以深圳为例，金融机构针对港口物流企业推出供应链金融产品，缓解了企业资金压力。

二是拓宽资本市场融资渠道。鼓励港口相关企业在境内外资本市场上市融资，通过发行股票、债券等方式筹集资金，支持港口建设与产业发展。例如，上海港务集团在国内证券市场上市，利用资本市场资金进行港口设施升级与业务拓展。设立产业投资基金，吸引社会资本参与港口基础设施、临港产业等项目投资。如天津设立滨海新区产业投资基金，重点投向港口及相关产业领域。

三是提供供应链金融服务。港口与金融机构合作，基于货物在港的存储、运输等环节，为贸易企业提供仓单质押融资、应收账款融资等供应链金融产品。例如，当贸易企业的货物存储在港口仓库时，可凭借仓单向银行申请贷款，解决资金周转问题，促进贸易活动的顺利进行。这不仅有助于贸易企业扩大业务规模，也能增强港口对贸易商的吸引力，巩固和拓展贸易市场。

3.4.5 促进人文交流融合

一是推动友好港口建设。积极与"一带一路"沿线及其他国家和地区的港口缔结友好港，如山东港口青岛港与美国长滩港建立友好港关系，通过签订合作协议等形式，在港口管理、运营、技术等方面开展交流与合作，增进双方的了解与信任 . 以友好港为平台，拓展合作领域，不仅局限于货物运输等经济层面，还应在文化、教育、环保等人文领域加强交流。例如，组织双方港口员工的互访交流活动，举办文化讲座、艺术展览等，促进不同国家和地区文化的相互了解。

二是拓展旅游合作。结合港口的地理优势和特色资源，开发海上旅游线路，如邮轮旅游、海上观光航线等。与沿线国家和地区的港口城市合作，共同打造跨国海上旅游产品，促进游客的往来和文化交流。例如，三亚与东南亚国家合作推出海上旅游航线，推动了旅游市场的互动。将港口旅游与当地的文化体验相结合，为游客提供更加丰富的旅游产品。游客可以参观港口的作业流程、了解航海文化，同时还能深入当地社区，体验民俗风情、品尝特色美食等，全方位感受不同国家和地区的文化魅力。

三是加强人员交流往来。开展港口管理、航运技术等方面的专业人才培训项目，邀请国内外专家进行授课和指导，促进专业人才之间的交流与学习。还可以组织港口专业人才到国外友好港口进行实习、考察和交流，学习先进的管理经验和技术，同时传播本国的文化和理念。同时，举办以港口为主题的学术研讨会，邀请国内外的专家学者、企业代表等共同探讨港口发展的前沿问题、技术创新以及人文交流等议题。通过学术交流，促进"一带一路"沿线不同国家和地区在港口领域的研究合作，推动学术成果的转化和应用，同时也为人文交流提供智力支持。

4 天津港服务天津市融入"一带一路"建设的现状

天津港是国家重要战略资源，是京津冀及"三北"地区的海上门户、雄安新区的主要出海口，是世界等级最高的人工深水港，是中国北方最大的综合性港口，是"一带一路"的海陆交会点、新亚欧大陆桥经济走廊的重要节点和服务全面对外开放的国际枢纽港，连续多年跻身世界港口前十强。

天津港地处渤海湾西端，坐落于天津滨海新区，背靠国家新设立的雄安新区，辐射东北、华北、西北等内陆腹地，连接东北亚与中西亚，地理位置得天独厚，是天津市最为核心的战略资源。《推动共建丝绸之路经济带和 21 世纪海上丝绸之路的愿景与行动》将天津港列为国家"一带一路"建设重点布局的 15 个港口之一。作为北方规模最大、功能最全的综合性港口，天津港承担了京津冀地区 60% 以上、华北和西北地区 40% 以上的海运外贸物资的运输，是京津冀及"三北"地区对外开放的海上门户和北方国际航运中心建设的基础载体，同时也是服务"一带一路"和陆海双向开放的重要节点。天津港充分发挥海陆双向网络辐射功能，打造"一带一路"上的黄金支点，对于更好地支撑和服务天津市融入"一带一路"建设具有重大意义。

近年来，天津港深入践行习近平总书记"要志在万里，努力打造世界一流的智慧港口、绿色港口，更好服务京津冀协同发展和共建'一带一路'"的重要指示精神，加快推进世界一流绿色智慧枢纽港口建设，积极推动天津北方国际航运枢纽建设，高水平打造京津冀"海上门户"枢纽，高质量共建"一带一路"开放平台，在精准定位中服务国家规划，在转型升级中融入新发展格局。

4.1 基础设施

4.1.1 功能布局

天津港是世界上航道等级最高的人工深水港，多年来已发展成为轻淤型、低成本、高效率、环境影响小的优质商港。现已形成以北疆港区、南疆港区为主体，东疆港区、大沽口港区初具规模，大港港区、高沙岭港区起步发展，海河港区、北塘港区为补充的"一港八区"总体格局。

以大沽沙航道为界，天津港大体可分为南北两大部分，其中，服务京津冀和内陆腹地的货物运输功能主要集中在北部的北疆、南疆和东疆港区。

从分货类来看：集装箱运输集中在北疆和东疆港区。煤炭运输集中在南疆港区。原油运输集中在南疆港区。矿石运输集中在北疆和南疆港区。商品汽车运输以北疆港区为主，东疆港区为辅。粮食及其他杂货运输主要集中在北疆港区。邮轮旅客运输集中在东疆港区。

服务临港产业功能主要集中在南部的大沽口、高沙岭和大港港区。

从分港区来看：大沽口港区发展较为迅速，目前港口基础设施已初具规模，主要为临港装备制造、粮油、化工等产业服务。高沙岭和大港港区尚处于开发建设中，港区外轮廓已基本形成，已建成部分码头等基础设施，但运输规模依然偏小。

此外，海河港区位于二道闸以下海河两岸，随着城市发展，目前港区货运功能逐步弱化。北塘港区尚未形成货物和旅客运输能力。

除此之外，"十三五"时期，天津港码头设施能级持续提升。南疆港区27号通用码头、大港港区新建通用泊位、中国石化天津液化天然气码头、大港港区渤化液体化工码头等8个码头工程建成运营，全港投入使用泊位增至192个，其中万吨级以上泊位128个，航道达到5条，泊位较2015年增加10个；天津港公共基础设施不断完善。完成高沙岭港区10万吨级航道一期工程建设、大港港区10万吨级航道工程建设、大沽口港区10万吨级航道扩能、中心渔港港区2 000吨级航道建设等项目，实现主航道30万吨级通航、大沽口港区和大港港区 10 万吨级通航、高沙岭港区 5 万吨级通航、中心渔港港区 2 000 吨级通航能力。智慧港口建设取得突破，完成全球第一个既有码头（五洲国际）集装箱堆场自动化改造，开工建设北疆港区 C 段智能化集装箱码头，实现全球首批完全无人驾驶电动集卡商业化运营，成为全球首个获批建设自动驾驶示范区的港口，建成京津冀港口智慧物流协同平台。在天津经开区，经过多年建设，以南港石化产业为代表的临港产业已成集群化发展趋势。大港港区已建成码头泊位 21 个，2021 年实现吞吐量超 1 300 万吨，目前大港港区 10 万吨级主航道可实现全天通航，液化天然气（LNG）船舶空载夜航也即将实现。

天津港各个港区的主要功能如下。

北疆港区：以集装箱运输为主，兼顾商品汽车、旅客等运输的大型综合性港区。依托天津港保税区、北疆集装箱物流中心，大力发展现代物流、保税仓储、航运服务等功能。

东疆港区：以集装箱、邮轮运输为主。依托东疆保税港区优势，大力发展现代物流、航运交易、融资租赁、航运金融等高端航运服务，推进东疆港区向自由贸易港区方向发展。

南疆港区：以承担煤炭、铁矿石、石油、液体化工等大宗散货中转运输为主，具有临海工业及大宗散货物流服务和海洋石油基地、支持系统码头等专业化散货港区。

大沽口港区：有通用泊位西区、石化作业区、粮油泊位区、装备制造业发展区和通用泊位东区等 5 个作业区。

高沙岭港区：港区将构建"以港口装卸物流产业为核心，高端装备制造和新健康科技产业为补充"的港产一体化新格局，着力打造"港产融合"的临港产业聚集区，努力建设成布局合理、产业明晰、功能完善、环境和谐的现代化港区。

大港港区：位于天津市滨海新区大港海域范围内，距离天津港的主体港区（北疆、东疆、南疆）约 30 千米。

北塘港区：位于滨海新区塘沽东北部，西南临塘沽拆船厂，东部临海，北部临北塘燃油物资公司，陆域面积 2.4 万平方米。

海河港区：位于海河的两岸，为从新港船闸至二道闸的之间海河水域，全长约 21 海里[①]。港区河道狭窄多弯，基本上是弯连着弯，几乎没有超过 200

---

① 1海里＝1.852千米。

米的直河段,较大的转弯就有 16 个之多,最大转弯半径 940 米,最小转弯半径仅 180 米。海河近几年基本没有淤积,河床基本没有变化,水深主要受海河水位的影响。海河港区主要为天津市内贸物资运输和海河沿岸企业物资运输、仓储、中转加工等服务的港区,并具有旅游服务等功能(图 4-1、图 4-2)。

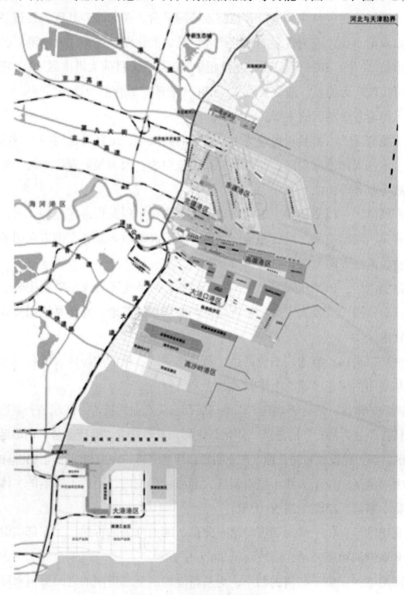

图 4-1 天津港总体规划图

数据来源:《天津港总体规划》。

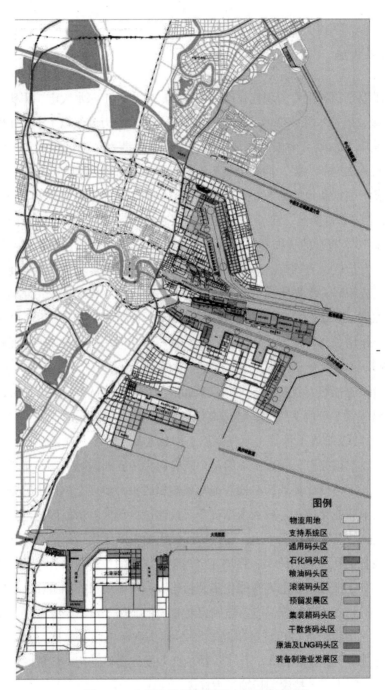

图 4-2　天津港港区布局图（征求意见稿）

数据来源：《天津港总体规划》。

4.1.2 码头设施

天津港是我国重要的现代化综合性港口、世界人工深水大港,码头等级达30万吨级,航道水深 –22 米,拥有各类泊位 213 个,万吨级以上泊位 133 个,主要由北疆、东疆、南疆、大沽口、高沙岭、大港六个港区组成。天津港对外对内服务辐射能力强,拥有集装箱航线 140 条,每月航班 550 余班,同世界上 180 多个国家和地区的 500 多个港口保持贸易往来;辐射京津冀及中西部地区的 14 个省、自治区、直辖市,腹地面积近 500 万平方千米,占全国总面积的 52%;70% 左右的货物吞吐量和 50% 以上的口岸进出口货值来自天津以外的各省、自治区、直辖市。天津港在泊船时效率再破世界纪录,北疆港区 C 段智能化集装箱码头率先实现生产消耗"碳中和"。2022 年末,全市集装箱航线总数增加到 140 条, 集装箱吞吐量突破 2 100 万标准箱, 达到 2 102.13 万标准箱,比上年增长 3.7%,港口货物吞吐量 5.49 亿吨,增长 3.7%,海铁联运完成120 万标准箱。

港口设施能级持续提升,建成南疆港区 27 号通用码头、中石化天津液化天然气码头等 8 个码头工程,建成高沙岭港区 10 万吨级航道一期工程、大港港区 10 万吨级航道工程等,万吨级以上泊位达到 123 个、航道达到 5 条。智慧港口建设取得突破,完成全球第一个既有码头(五洲国际)集装箱堆场自动化改造,开工建设北疆港区 C 段智能化集装箱码头,实现全球首批完全无人驾驶电动集卡商业化运营,成为全球首个获批建设自动驾驶示范区的港口,建成京津冀港口智慧物流协同平台。建设国际领先的自动化集装箱码头,建成北疆港区 C 段智能化集装箱码头,新增 3 个集装箱深水泊位,新增吞吐能力 250 万标准箱,有序推进东疆港区智能化集装箱码头一期等项目前期工作,适时启动建设。保障北方地区能源供应,建成大港港区北京燃气 LNG、中石化天津 LNG二期等项目。建成大沽口港区粮油 6、7 号码头和海工装备制造码头工程一期等,为先进装备制造、汽车、化工、粮油产业发展提供支持。建成北疆港区海嘉汽车滚装码头,支持滚装运输扩大规模。

4.2 网络通道

作为天津参与经济全球化和区域经济一体化的重要窗口，天津港被列为国家"一带一路"建设重点布局的 15 个港口之一，是京津冀及"三北"地区对外开放的海上门户和北方国际航运中心建设的基础载体，同时也是服务"一带一路"和陆海双向开放的重要节点。天津港集团深入贯彻落实习近平总书记视察天津港的重要指示精神，主动融入、积极服务京津冀协同发展国家战略，海向全力拓展环渤海内支线航运能力，陆向全面构建京津冀地区内陆物流网络，织就了海向航线、陆向物流服务网络，不断加快世界一流港口建设，助力天津北方国际航运枢纽建设，主动当好服务京津冀协同发展先行官。

4.2.1 海向航线网络

天津港是国家重要的战略资源，是京津冀及"三北"地区的海上门户，具有独特的区位、政策、产业、市场优势。天津港集团坚持高站位谋划、系统化推进天津北方国际航运枢纽功能完善，不断提升服务国家战略和共建"一带一路"能级，连续多年跻身世界港口前 10 强。2022 年，天津港集团服务"一带一路"共建国家进出口货物 1.21 亿 t，同比增长 13.6%，占货物总吞吐量的 25.7%，服务"一带一路"的重要支点作用愈发凸显。

航线开拓方面，2023 年以来，天津港织密通达世界的航线网络，先后开通多条内外贸海运航线，集装箱航线总数 140 余条，其中远洋航线 16 条、近洋航线 62 条，同世界上 200 多个国家和地区的 800 多个港口保持贸易往来，每月航班 550 余班，成为国际资源配置的重要枢纽之一。全球港口每装卸 35 个集装箱，就有 1 个来自天津港。与天津港相连的环渤海内支线"天天班"，航线达 19 条，月航班量高峰时超 100 艘次。以天津港为中心的环渤海内支线运输网络，为加快构建高效协同的津冀世界级港口群提供强大支撑。其中，向南开辟 30 多条集装箱班轮航线，联通珠三角地区和长三角地区，挂靠东南亚、南亚国家港口，向东打造中日韩经贸合作平台，开辟了联通日韩的集装箱班轮航线。挂靠"21 世纪海上丝绸之路"的集装箱班轮航线超 40 条，每月通达"一带一路"沿线国家的集装箱航班超过 300 余班，有 30 余条集装箱航线覆盖东南亚地区，涉及新加坡、泰国、马来西亚等国家和地区的 40 多个港口。2010 年"玛丽亚那新加坡轮"天津—澳大利亚航线在天津港集装箱公司成功首航，填补了天津港与大洋洲之间的航线空白。2020 年以来，天津港开通内外贸新航线 9 条，其中外贸集装箱班轮航线 6 条，4 条通达东盟国家。

依托完善的硬件基础设施，大力发展集装箱干线运输，与中远海运等世界级航运企业加强战略合作，加强优化海向物流网络体系，构建完善覆盖"一带一路"沿线国家和港口的航线网络。其中中远海运集运开通"一带一路"沿线航线 7 条，航线辐射亚洲、欧洲等国家和地区。马士基航运和地中海航运组建的世界航运联盟——"2M"联盟，在天津港开辟欧洲集装箱国际新航线 2 条。以星航运、德翔航运、高丽航运、宏海航运、森罗商航 5 家公司合作开辟的波斯湾航线在天津港运营，航线辐射东南亚及中东等国家和地区。现代商船、德翔航运、以星航运 3 家公司合作开辟的东南亚航线在天津港运营，该航线辐射东北亚、东南亚等国家和地区。

天津港与口岸单位、港航企业签订世界一流港口全面战略合作协议，发起组建中国内贸集装箱港航服务联盟，推出"海上高速 –FAST" 内贸运输新模式，进一步畅通国内海运南北大通道。推动口岸协同联动，持续深化效率攻坚，协同海关、海事、边检等单位在安全、效率、质量、服务等方面落地创新举措，"船边直提""抵港直装"作业模式率先在全国口岸实现规模化实施推广，中远海运美西线、2M 北欧一线等多条远洋干线效率排名全球港口首位。

4.2.2 陆向通道网络

陆地上，天津港四通八达的物流网络覆盖大半个中国，跨越新亚欧大陆桥。2022 年，天津港海铁联运量同比增长超 20%，中蒙（中亚）跨境班列运量突破 9 万标准箱，陆桥运输继续保持全国港口首位。天津港集团陆向不断完善"三线十区"内陆物流网络体系，遍布 13 个省、自治区、直辖市，海铁联运通道数量达到 42 条，实现内陆主要腹地全覆盖。

"三北"腹地联系方面，天津港辐射京津冀及中西部地区的 14 个省、市、自治区，腹地面积近500万平方公里，占全国总面积的52%，70%左右的货物吞吐量和50%以上的口岸进出口货值来自天津以外的各省、市、自治区，一直以来都是京津冀及华北、西北等广大地区对外贸易的主要口岸，在"三北"地区对外物资交流、沿海南北运输、国际集装箱和大宗能源原材料进出口贸易中长期发挥着核心港和主枢纽作用。铁路联通方面，天津港与京沪铁路、京津城际铁路等几条铁路干线交汇，并外接京广铁路、京九铁路、京包铁路等干线与全国铁路联网。公路联通方面，天津港与北京—天津—塘沽高速公路、丹拉高速公路、天津—山西高速公路形成辐射状公路网络，连接了北京、天津及华北、西北地区各省市。

2019年8月，天津港主动支持服务雄安新区建设，"天津港雄安新区服务中心"挂牌成立。2020年，天津港集团分别与山东港口集团、河北港口集团、辽宁港口集团签署《世界一流港口全面战略合作框架协议》，充分发挥各自资源和区位优势，合力融入共建"一带一路"。2021年10月2日，首列天津港—西北地区"公转铁""散改集"敞顶箱专列成功发运，标志着天津港正式打通了"西北矿石走廊"铁路大通道。

天津港具有通达陆桥沿线多个地区并直达欧洲的海铁联运班列产品，是实现陆港联运的核心中转站。同时，天津港也是国内唯一同时拥有四条通往欧洲陆桥的铁路的港口，并且运输线路短、效率高（图4-3）。

图4-3 天津港海铁联运示意图

第一条走京沈线、沈哈线、大郑线、四齐线、滨州线,经过满洲里国境站转西伯利亚铁路衔接至欧洲,从属中国蒙俄经济走廊。第二条走京沈线、京包线、集二线至二连浩特国境站,经蒙古国与西伯利亚铁路衔接至欧洲,从属中蒙俄经济走廊。第三条走京沈线、京包线、包兰线、干武线、兰新线,抵新疆阿拉山口国境站,再经哈萨克斯坦、俄罗斯新西伯利亚至欧洲,从属新亚欧大陆桥经济走廊。第四条经津蓟线衔接大秦线、京包线、包兰线、干武线、兰新线,抵新疆霍尔果斯国境站,再经哈萨克斯坦铁路连接中亚、西亚国家至欧洲,从属新亚欧大陆桥经济走廊(表4-1)。

表4-1 "一带一路"天津铁路运输线路

起点站	途经站	边境站	目的地	总长度/千米
天津	京沈、沈哈、大郑、四齐、滨州	满洲里	欧洲	2 165
天津	京沈、京包、集二	二连浩特	欧洲	976
天津	京沈、京包、包兰、干武、兰新	新疆阿拉山	欧洲	3 966
天津	津蓟、大秦、京包、包兰、干武、兰新	霍尔果斯	欧洲	3 912

数据来源:根据天津铁路运输线路整理。

4.2.3 集疏运网络

完善公路集疏运体系。建成津石高速天津东段、塘承高速与滨海新区西中环联络线,形成天津港通往西部、北部地区的便捷通道。规划建设天津港集疏运专用货运通道。建设港区内北港路南延工程,形成港区内南北向疏解通道。

完善铁路集疏运体系。推动开展霸州—徐水—涞源—张家口铁路、津蓟铁路扩能改造前期工作,积极推动港区铁路专用线建设,打通铁路进港"最后一千米"。

除此之外,天津港为了进一步优化港口的集疏运体系,还实施了天津港集疏运专用货运通道工程。天津港集疏运专用货运通道工程项目主线起于京津塘高速公路与长深高速公路交叉处,止于天津港港区内海铁大道,全长约21.3 千米。天津港集疏运专用货运通道联结京津塘高速、滨海新区绕城高速和海滨大道,建成后将为天津港集疏运提供专用通道,缓解港口运输压力,化解港城矛盾,进一步完善公路网络,形成快速疏解客货运的交通大动脉。天津港集疏运专用货运通道工程是全面贯彻落实习近平总书记相关重要讲话精神,落实国家发展改革委与交通运输部《关于加快天津北方国际航运枢纽建设的意见》的重要工程。建成后将与京津高速共同构成北部核心港区"北进北出"双通道,构建北部核心港区"两横一纵"集疏运体系,成为天津港建设世界一流港口的重要基础设施支撑,对建设北方国际航运枢纽具有重要意义。

随着基础设施的不断完善,天津港集疏运相关的网络平台建设也在不断优化。平台匹配各方资源,帮助企业降费增效。天津"关港集疏港智慧平台"由天津海关联合天津港集团共同打造,2021 年起服务应用天津港口集疏运业务。该平台充分发挥互联网平台的交互汇聚效应,将海关通关与港口装卸作业进行智慧融合,推动"直提直装"等大规模应用,优化口岸营商环境,努力为企业提供更好的智慧港口服务。在港口核心的装卸运输环节,平台可以智能匹配各方资源,通过智慧调度、智慧货运、一站通、物流链可视化等主要功能,探索实现"港口物流公交化"目标,更好地助力外贸企业货物快进快出,服务京津冀协同发展和"一带一路"建设。

4.3 经营服务

4.3.1 生产经营

2000 年以来,全港货物总吞吐量年均增速为 10.2%,总体保持较快的增长趋势。近年来,随着全球贸易增速放缓,我国经济进入"新常态",腹地重化产业"去产能"等因素的影响,天津港货物吞吐量增速逐步放缓。如"十五""十一五""十二五"期间和"十三五"头两年,天津港货物总吞吐量年均增速分别为 20.3%、11.4%、9.4% 和 –3.8%，2019 年受新冠肺炎疫情影响，货物总吞吐量为 49 200 万吨，增速为 –3.1%，但近五年天津港货物总吞吐量仍保持缓步上升趋势（图 4-4）。

2019 年，天津港完成吞吐量 4.92 亿吨，较 2018 年增长 4.1%，其中，外贸货物吞吐量完成 2.78 亿吨，占比 56.6%。集装箱吞吐量 1 730 万标准箱，较 2018 年增长 8.1%。2020 年港口货物吞吐量达到 5.03 亿吨，集装箱吞吐量达到 1 835.3 万标准箱，较 2015 年提高 30.1%；2019 年，出入境邮轮旅客约 72.6 万人次，较 2015 年增长 68%；2020 年国际航运中心排名较 2018 年跃升 10 位。2022 年全年，天津港沿海货物吞吐量近 5.5 亿吨，同比增长 3.7%；其中沿海外贸货物吞吐量近 3.1 亿吨，同比增长 3.8%。集装箱吞吐量 2 102 万标准箱，同比增长 3.7%。同时，天津港是华北和西北地区能源、原材料运输的主要中转港，不仅承担着北方地区 20% 以上的外贸进口铁矿石运输，而且也是我国北方主要煤炭下水港之一。从货类结构看，天津港运输以集装箱、煤炭、金属矿石、石油及制品为主。

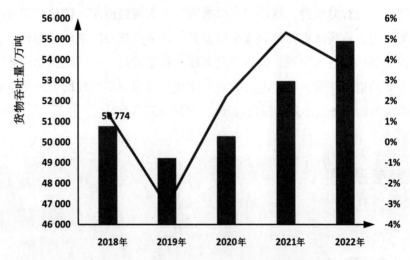

图 4-4　2018—2022 年天津港吞吐量变化情况

数据来源：《天津统计年鉴 2022》。

天津港 2019 年完成集装箱吞吐量 1 730 万标准箱，同比增长 8.1%，增幅继续位居全球十大港口前列。天津港打通货物进港"最后一公里"，在京津冀布局 35 家营销服务网点，新开通至河北高邑班列，推动物流进一步降本增效，促进区域经济高质量发展。天津港在京津冀和"三北"地区布局百余家营销服务网点，新开通 4 条海铁联运班列，全年海铁联运量完成 56.8 万标准箱，同比增长 15.2%。天津港去年深化津冀港口对接合作，织密海上运输"新路网"。以津冀港口为主的环渤海内支线年集装箱中转吞吐量跃上 120 万标准箱，继续保持两位数的强劲增长（图 4-5）。

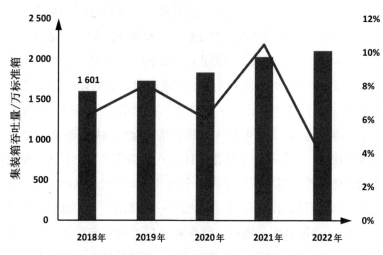

图 4-5　2018—2022 年集装箱吞吐量完成情况

数据来源：《天津统计年鉴 2022》。

4.3.2 综合服务

海铁联运服务方面，天津港在国内港口中率先开展海铁联运尝试，并开创我国大陆桥运输先例。近年来，不断加强陆桥海铁联运工作，深化与口岸部门、铁路部门、物流企业等的多方协作，打造多式联运公共服务平台，有力促进了天津口岸陆桥运输的便利化发展，年集装箱运量始终稳居国内前列。建成并投入运营了京津冀首个海铁联运综合性集装箱铁路枢纽"中铁天津集装箱中心站"，并取得海关监管资质，实现了天津港集装箱海铁联运功能布局的全面升级。打通至长春、乌鲁木齐等 4 条海铁联运新通道，天津港中蒙俄经济走廊集装箱多式联运工程被国家列为第二批示范项目。近年来，天津港不断创新多式联运体系，开通了 40 余条海铁联运通道，服务覆盖国内十余个省、自治区、直辖市,联通二连浩特、阿拉山口、霍尔果斯、满洲里4个国际陆桥口岸。2023年1—9月共完成海铁联运87.9万标准箱。天津港致力于以信息畅通带动物流畅通,天津港发布的"一单制2.0"升级版物流服务,将多式联运服务推上新的水平。依托"三线十区"的营销网点,天津港将服务带到了许多客户的"家门口",今后还能够继续降低物流成本、提升便捷性,在更大范围、更广领域、更深层次上打造智慧港口、绿色港口、枢纽港口升级版。

打通连接西部、北部腹地的铁路动脉,积极发展以海铁联运为核心的多式联运,构建贯通"三北"、联通中蒙俄经济走廊的腹地运输网络。加快完善集疏运体系,推进南疆、大港港区铁路专用线建设,规划建设天津港集疏运专用货运通道,全力打造"公转铁+散改集"双示范绿色港口。天津港是"一带一路"的海陆交会点、新亚欧大陆桥经济走廊的重要节点和服务全面对外开放的国际枢纽港。近年来,天津港集团深入贯彻落实《交通强国建设纲要》要求,持续优化调整港口集疏运结构,全面推动海铁联运发展,陆续打通"天津港—中亚"国际联运直达班列"、"银川—天津港"和"邢台—天津港"海铁联运专列等44条海铁联运通道,服务辐射13个省市自治区、联通4大陆桥口岸,直通的中亚、中欧班列运载着大量国际跨境货物、京津冀及"三北"出口货物在天津港集结发运,服务"陆海内外联动、东西双向互济"开放格局的作用进一步凸显。2023年7月14日,"天津港至北京大红门"海铁联运班列成功开行。天津港集团2022年海铁联运量顺利完成100万标准箱,比2021年提前了64天,同比增长21.1%。2019年度海铁联运56.8万标准箱,同比增长15.2%。

物流服务方面,积极拓展了国际中转集拼和矿石保税分拨功能,做大大宗商品交易规模,打造了具备进口商品分拨、出口商品集散、大宗商品交易功能的国际物流分拨基地。推进了"津新欧"物流基地、津蒙东疆物流园等"一带一路"重点项目建设,打造"一带一路"国家地区产业合作平台。此外,在内陆无水港节点布局方面,按照"一带一路"走向,加快推进内陆物流网络建设工作,推动在"丝绸之路经济带"沿线地区的物流节点和枢纽中心优化无水港布局。自2002年在北京朝阳建设第一个无水港以来,内陆无水港总数达到48个,辟建了一百余家内陆物流营销网点,形成了覆盖内陆的现代物流网络体系。

内陆无水港节点与营销网络布局方面，按照"一带一路"走向，天津港加快推进内陆物流网络建设工作，制定了三线十大区域网络布局规划，推动在丝绸之路经济带沿线地区的物流节点和枢纽中心优化无水港布局。自 2002 年在北京朝阳建设第一个无水港以来，内陆无水港总数达到 48 个，辟建了 115 家内陆物流营销网点，涉及河北、内蒙古、山西、宁夏、甘肃、吉林等多个省份，利用其订舱、报关报检、铁路及公路运输、拆装箱及箱管等功能集结和分拨货物，基本形成了辐射东北、华北、西北等内陆腹地的物流网络。

航运服务方面，依托北方国际航运核心区建设，加速航运要素聚集，形成了包括船舶代理、货运代理、船舶管理、航运经纪、船舶登记、船舶引航与理货、船员培训等服务功能在内的较完善的基础航运服务体系。以东疆航运服务集聚区为载体，发展了自由贸易、融资租赁、航运金融等高端航运服务，打造国际航运创新示范区。依托自贸区建设，完善国际中转集拼、沿海捎带、启运港退税、国际船舶登记等航运创新政策，培育了跨境电商、期货保税交割、保税展示交易等新业态。完善现代航运服务体系。培育航运服务生态，积极发展航运总部经济，吸引航运、物流等企业总部或区域中心落户，加快港航信息、商贸、金融保险等现代航运服务业发展，建设国际航运服务集聚区。做大做强跨境融资租赁，发展特色航运保险业务，在自由贸易试验区试点推进离岸结算，打造北方国际航运融资中心。

口岸服务方面，按照《天津港口岸降费提效治乱出清优化环境专项行动方案》的部署，不断改善口岸通关环境，协调推进通关通检便利化模式，创新实施了"港口一站通""线上无水港"等港口电子商务项目，天津港口岸"一站式阳光价格清单"服务被国务院列为向全国推广的三个典型经验之一。推出"一站式阳光价格"升级版，外贸装卸费率达到沿海港口最低水平，2019 年累计受益箱量 284 万标准箱，减免相关费用超过 3.9 亿元。持续改善港口营商环境。完善港口集疏运铁路运价形成和动态调整机制，构建更加稳固的港口短距离大宗货物量价互保模式。近年来，天津港保税区相继出台实施优化营商环境 2.0 版和 3.0 版，营商环境持续优化，保税区实施的"确认登记制"入选了天津市 2022 年度优化营商环境十佳典型案例。2023 年以来，保税区创新土地和项目建设管理模式，完成滨海新区首宗工业用地"标准地"挂牌出让；推出"套餐式注销"一件事改革，在市场准出上"刷新"便利度，实现企业注销一次办结、整体退出。围绕营商环境 4.0 版，保税区将结合实际情况在创新试点改革举措基础上继续攻坚突破，为区域高质量发展提供强大动力和体制保障，努力打造成为"在全市最好，在国内领先"的营商环境高地。

邮轮服务方面，作为"一带一路"海上邮轮游的重要聚集地和为我国北方最大的邮轮港口，天津港开创了冬季邮轮正常运营的历史，成为世界各大邮轮公司争先辟建亚洲航线的重点港口之一。天津国际邮轮母港自投入运营以来，与美国皇家加勒比、意大利歌诗达邮轮等多家邮轮公司合作，吸引了"中华泰山"号、"黄金公主"号等多艘著名国内外的豪华邮轮在天津港开辟了母港航线和访问港航线，已覆盖中国台湾、香港和日本、韩国等地区和国家的多个邮轮港口。利用自贸试验区、保税港区的通关便利化政策，开展了全国首例国内采购物资邮轮配送创新业务。推动邮轮经济发展，以邮轮物资及免税商品船供业务为突破口，加快开展东疆邮轮物资配送业务，壮大邮轮物流产业规模。做精做深邮轮旅游业，积极开辟邮轮始发航线，提升邮轮码头综合服务功能和口岸通关环境。

港口国际合作方面，在中巴经济走廊建设中，有效推进与瓜达尔港的交流。为瓜达尔港设计了 RRTC 拖轮管理模式，编制了拖轮业务培训教材，派出专业团队赴瓜达尔港现场开展拖轮管理培训和技术指导。在中蒙俄经济走廊建设中，不断加深与蒙古国的经贸合作。继天津港与蒙古国铁路国有股份公司在乌兰巴托项目合作签约之后，2019 年 5 月，中蒙国际物流园有限公司完成签约注册。依托港口优势，协助意大利特色商品贸易推动工作。引进以葡萄酒为代表的意大利特色商品，在贸易服务、口岸通关、仓储服务及文化推广方面提供便捷高效的港口服务。对外开放稳中提质，中欧班列实现常态化运行，首次发运"保税＋中欧班列"新模式，天津港中欧班列运量完成 9.3 万标准箱，比上年增长 60.3%。

5 天津市融入"一带一路"对天津港的需求与现存问题分析

5.1 发展需求

5.1.1 总体要求

2015 年天津市出台《天津市参与丝绸之路经济带和 21 世纪海上丝绸之路建设实施方案》，提出"推进基础设施互联互通、打造经贸合作升级版、推动产业与技术合作、提升金融开放水平、推动海上全面合作、密切人文交流合作"6 个方面的重点任务，为天津市更好地融入"一带一路"建设提供方向指引和重要遵循。在这 6 个方面的重点任务下，细化了对服务天津市融入"一带一路"建设中发挥桥头堡作用的天津港的发展需求，包括"优化海陆双向衔接枢纽功能、提升贸易便利水平、完善专业物流体系、夯实航运金融发展基础、加快'走出去'步伐、增强文旅科技影响"，如图 5-1 所示。这 6 个方面的发展需求是未来天津港更好发挥海陆双向网络功能及黄金支点优势，支撑服务天津市融入"一带一路"建设的重点。

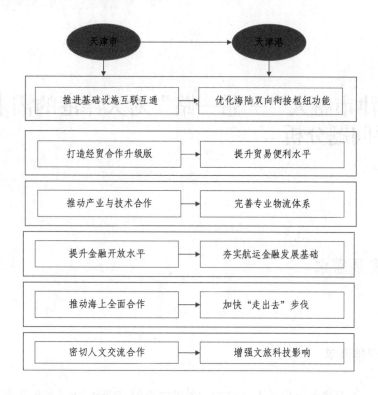

图 5-1 天津市融入"一带一路"建设对港口的总体要求

5.1.2 六大需求

（1）推进基础设施互联互通，要求天津港进一步优化海陆双向衔接枢纽功能

天津市高度重视与"一带一路"沿线国家和地区基础设施的互联互通建设，近年来在港口基础设施与航运服务、航空客货运及铁路客货运网络等方面均取得了突破性的进展，同时也积累了丰富的基础设施建设与运营经验，为深化与沿线国家的全方位合作，共建"一带一路"提供了现实基础和有利条件。未来，为进一步密切天津市与沿线国家和地区在各层面的往来，加快实现"到2025年，天津港集装箱吞吐量达到3 000万标准箱"的基础设施互联互通发展目标，天津港作为天津市与"一带一路"沿线国家设施联通的重要载体与关键支撑，需要通过提升港口基础设施能力，完善港口集疏运体系，推进港口功能

合理布局等措施来进一步优化联结海向与陆向的枢纽功能，加强海上通道与中蒙俄、新亚欧大陆桥走廊的互动联系，提升京津冀和"三北"地区的对外开放门户作用，推动天津港由传统的货物装卸中心向现代化的综合物流枢纽转变。

（2）打造经贸合作升级版，要求天津港进一步提升贸易便利水平

"一带一路"倡议实施以来，天津依托自由贸易试验区建设，以贸易和投资便利化为目标，全力推进外贸转型升级。2019年2月，天津市人民政府印发了《关于深入开展港口降费提效优化环境工作促进跨境贸易便利化实施方案的通知》（简称《实施方案》），对标国内外先进水平，制定了新目标——到2020年底，集装箱进出口环节合规成本比2017年降低一半；到2021年底，整体通关时间比2017年压缩一半，初步实现口岸治理体系和治理能力现代化，营造良好的市场秩序，形成更有活力、更富效率、更加开放、更具便利的口岸营商环境。作为天津市对外贸易窗口和全球资源配置枢纽的天津港，必须不断巩固与深化"降费提效治乱出清优化环境专项行动"取得的成效，按照《实施方案》提出的目标要求，协调推进降低集装箱进出口环节合规成本、压缩整体通关时间，加强大通关体系建设，营造高效便利通关环境等重点工作，更好地服务天津市与"一带一路"沿线国家和地区的贸易通关。

（3）推动产业与技术合作，要求天津港进一步完善专业物流体系

天津在制造业领域拥有深厚的产业基础，在装备制造、航空航天、工程机械、生物医药等领域兼备禀赋和集群优势，与积极响应"一带一路"倡议的国家具有明显的产业互补的特征，是国际产能合作的集聚区。天津港作为天津市对外开放的海上门户和航运枢纽，也必将承载更重的使命，要推进专业化物流中心建设，加速专业物流节点网络的构建，建设集约化的专业物流园区，创新物流产业的运营模式，实现研发材料和成果的无缝、安全、高效运输，为天津市内各类"一带一路"走出去企业提供更方便、更快捷的运输服务。

（4）提升金融开放水平，要求天津港进一步夯实航运金融发展基础

近年来，天津市依托金融创新运营示范区建设，积极统筹"两个市场、两种资源"，瞄准"一带一路"企业及项目金融服务的需求，不断强化金融支持，进一步发挥金融服务"一带一路"建设的积极作用。航运金融作为航运业和金融业的交叉性和枢纽性服务，是推动天津市参与"一带一路"建设、

实现金融开放水平提升的重要抓手。天津港要进一步夯实航运金融发展基础，完善航运金融、航运经纪、航运交易等现代航运服务体系，打造国际航运要素集聚区，提高国际航运中心综合服务能力，加快实现由物流运输港向航运金融港的转变，最大限度地发挥天津港对于天津市发展的新动能释放集聚和扩散效应，通过在航运金融领域的创新助推天津市与"一带一路"沿线国家和地区的资金融通。

（5）推动海上全面合作，要求天津港进一步加快"走出去"步伐

天津市作为我国北方最大的沿海开放城市，海洋作为战略发展空间、对外交通要道和能源资源储备库，对于天津未来的发展具有十分重要的意义。因而未来需以共享蓝色空间、发展蓝色经济为主线，与"一带一路"沿线国家和地区在海洋经济、海上安全、海洋科学研究、海洋治理等领域全面合作，进一步发挥好"一带一路"海上合作战略支点的作用。天津港作为天津市与"一带一路"国家开展海上合作的桥梁与纽带，要借助与沿线友好港口的互动合作，进一步加快"走出去"步伐，鼓励港口、航运企业互设分支机构，在海洋经济、海洋科学研究、海洋环境保护等领域与沿线港口之间开展更加务实高效的海上合作，共同推动海洋命运共同体建设，提升天津市海洋综合开发水平、构建现代海洋产业体系、全面提升海洋经济综合竞争力，以此为基础，拓宽天津市与"一带一路"沿线国家和地区的海上合作。

（6）沿线密切人文交流合作，要求天津港进一步增强文旅科技影响

"一带一路"倡议的实施，不仅给天津创造了大量与沿线国家和地区经贸合作的机会，同时也提供了文化和科技交流合作的平台。未来，天津将通过深化人文合作交流、举办全球推介活动、共建联合实验室、推动科技园区合作等途径，进一步增强对创新资源的全球配置能力，为高质量发展注入新动力。天津港作为我国北方邮轮经济发展中心和联结天津市与沿线地区人文与科技交流的有力载体，要牢牢抓住国际邮轮市场由欧美向中国转移和天津建设对外文化贸易基地的新机遇，大力发展邮轮产业，打造邮轮母港的城市名片，充分利用海洋科技资源，努力建设成为服务全球的对外文化贸易与科技协同创新基地，为提升天津市在"一带一路"建设中的文化和科技影响力提供有力支撑。

5.2 存在问题

对照以上天津市融入"一带一路"建设对天津港的发展需求,天津港目前在支撑服务方面还存在一定的现实差距。

5.2.1 集疏运体系不完善

天津港集疏运的交通方式主要由公路、铁路、水路和管道等 4 种组成。其中,公路运输所占的比重大,铁路运输明显比例偏低,水路及管道运输有待进一步提升,各种交通运输方式之间缺乏相互协调和配合。此外,由于天津港货物的集疏过度依赖于公路运输且港城交通缺乏有效的分离,使得一些道路既用于城市交通,又用于港口集疏运,造成集疏港交通高峰期道路通行压力过大,多条重要集疏运通道能力接近或达到饱和,给城市通行带来不便的同时降低了港口的运营服务效率,以上这些在集疏运通道方面存在的问题制约了天津市陆海桥梁作用的发挥,给天津市与"一带一路"沿线国家和地区的贸易往来造成了一定不利影响。

5.2.2 海铁联运整体水平有待提升

在国家"公转铁"政策、"一带一路"倡议的大力支持下,天津港海铁联运虽然实现较快发展,但海铁联运比例仍然偏低,与鹿特丹港、汉堡港、洛杉矶港等主要港口 20% ~ 30% 的海铁联运比例,以及与国内营口港、大连港的海铁联运比例相比均存在较大差异。此外,虽然目前港口和铁路运输企业均拥有各自体系的信息管理系统,但目前两者的信息资源共享程度较低,尚未建立统一的信息交互平台,无法在整个集装箱海铁联运运输过程中向港口、铁路、海关、客户及船代公司等提供实时动态的集装箱物流信息服务,造成了海铁联运过程中物流信息分割,降低了集装箱海铁联运信息衔接的通畅性,一定程度上限制了天津港"一带一路"枢纽作用的发挥,降低了天津市与"一带一路"

沿线国家和地区的运输效率。

5.2.3 海上航线不具备领先优势

在地理位置上，天津港位于环渤海的最西端，具有"远海近陆"的区位特点，远离两条国际主航线——跨太平洋航线与亚欧航线，与新加坡港、釜山港和香港港及毗邻的大连港、青岛港等港口相比，其进入国际主干航线的航程较长，船公司挂靠需付出多1天船期和更多燃油成本，导致国际干线班轮挂靠航班密度较低。整体而言，天津港外向航线网络偏弱，组织效应不佳，航线竞争力与国际枢纽港仍存在较大的差距，与"一带一路"沿线国家和地区尚未形成密度高、覆盖面广、便捷高效的航运网络，未能较好地发挥联动放大效应，这在一定程度上影响了天津与"一带一路"沿线港口的联结。

5.2.4 港口同质化竞争较为突出

天津港所属的环渤海湾港口群中还包括大连、营口、青岛、烟台、唐山、秦皇岛等60多个港口，分布密集。这些港口与天津港距离相近，都属于东北亚经济区的中心位置，依托辽东半岛、京津冀和山东半岛，向内陆腹地延伸，拥有良好的自然资源条件，产业结构相似，相邻港口间功能定位与主要业务点趋同。在参与"一带一路"建设过程中，周边港口与天津港经济腹地存在交叉重叠，形成直接竞争关系，各港口为追求自身利益最大会纷纷压低成本，利用低价吸引客户，恶性低价竞争的现象时有发生，导致天津港在环渤海湾三大港口中优势地位不突出，核心地位未得到有效体现，同时也制约了共同参与"一带一路"建设的整体效能。

5.2.5 现代物流和航运服务体系有待健全

天津港围绕港口的物流服务产业虽具备一定规模，但主要业务局限于港口仓储装卸等附加值相对较低的港口产业链低端环节，增值服务能力较差，尚未按照物流产业链整体打造要求系统构建物流产业链、培育具有国际竞争力的港口物流产业集群。在航运服务方面，航运上下游产业链、价值链还不健全，船舶交易、船舶管理、航运经纪、船员服务、信息服务等航运服务业的规模偏小，类别不齐全，带动力及资源辐射能力还不够强，与新加坡、中国上海等老牌国际航运中心相比具有较大差距，以上这些问题给天津市与"一带一路"沿线国家和地区贸易往来服务品质的提升带来一定负面效应（表5-1）。

表5-1　天津与上海航运服务业的数据对比　　　　　　　单位：个

项目	上海	天津
船舶代理企业	151	60
船舶管理企业	63	22
船舶经纪公司	50	10
无船承运人	1 440	349
航运运价衍生品	全国唯一	—
航运运价公司	40	—
航运保险	46	—
开设航运领域的高等院校	18	3

数据来源：根据各城市航运相关资料整理。

5.2.6 港口投资布局有待完善

作为"一带一路"建设海上合作的重要支点，沿线国家和地区间的港口投资运营合作是未来建设"21世纪海上丝绸之路"的重要方向。目前，国内多个港口已通过合资合作、兼并收购、建设—运营—移交等模式加快国际化发展步伐，不断完善"一带一路"沿线港口投资布局，如青岛港参与运营管理意大利瓦多利古雷港集装箱码头和冷藏码头，上海港获得以色列海法新港码头25年的特许经营权等。相较之下，天津港虽然与新加坡港、阿联酋迪拜港、瓜达尔港等多个港口建立了良好的合作关系，但以资本为纽带的国际港口合作还不够成熟，在"一带一路"沿线港口投资布局的尝试还较少，尚未形成可复制、可推广的海外港口投资与码头运营管理经验，这在客观上给天津市与"一带一路"沿线国家和地区共建港航生态网络造成了一定的不利影响。

6 国内外港口联通区域与服务城市发展经验借鉴

6.1 国际典型港口发展经验

从国际港口与城市互动发展的经验来看，港口所在城市的发展离不开港口自然条件、港口腹地资源、港口基础设施、集输运体系等硬件条件的支撑，同时也离不开港口所提供的港航市场环境等软件条件。综合而言，良好的硬件条件是港口联通区域与服务城市发展的基础，完善的港航服务能力是港口联通区域与服务城市发展的支撑。笔者重点选取鹿特丹港、新加坡港、汉堡港、伦敦港、杜伊斯堡港、瓜达尔港等在港口与城市互动发展方面具有代表性的港口，借鉴其发展的先进经验。

6.1.1 鹿特丹港——港城协同共荣典范

鹿特丹港作为欧洲最大的贸易港，港口经营管理位居世界领先水平。鹿特丹港的稳步发展不仅得益于其优越的港口条件，同时也是港口与后方产业充分互动的结果。总体来看，鹿特丹港的发展经验主要有以下几点。

（1）港口基础设施条件奠定城市欧洲物流中心地位

鹿特丹港作为欧洲第一大海港，是欧盟 TEN-T 网络的重要节点，既是欧洲最大的原油、石油产品、谷物等散货转运基地，同时也是世界最大的集装箱转运港口之一。鹿特丹港的多货种、多航线、多班期船舶挂靠与其港口设施条件密不可分。目前，鹿特丹港区面积为 12 713 公顷 ①，其中陆域 7 903 公顷、水域 4 810 公顷；拥有总泊位 656 个，航道最大水深 24 米，是 500 多条航线的基本港或挂靠港；航线可通达全球千余个港口，货运量占荷兰本国 78% 以上。优越的港口基础设施条件吸引了大量大型船舶停靠。

鹿特丹港港口资源及码头能力见表 6-1。

表 6-1　鹿特丹港港口资源及码头能力

指标	数量规模
港区面积 / 公顷	12 713
泊位数 / 个	656
航道最大水深 / 米	24
港口岸线 / 千米	42
港口码头通过能力 / (亿吨·年$^{-1}$)	2.15
集装箱通过能力 / (万标准箱·年$^{-1}$)	1 700
输油管线 / 千米	1 500

数据来源：根据鹿特丹港相关数据整理。

依托港口基础设施优势，鹿特丹港通过开展全方位的港口物流价值链服务，促进港口物流链高效组织与协同化运作。一方面，鹿特丹港通过加强与港口物流链上下游各方的协同合作，实现物流链资源整合与集成，为货主、物流公司、航运企业及联盟提供更具价值的优质服务。例如，鹿特丹港基于数字化技术构建港口社区系统，将不同的物流供应链和工作网（如内陆码头、海港码头和内陆运输等）整合成一个条目清晰、协调的体系，提高港口物流链一体化服务水平。另一方面，鹿特丹港通过信息增值服务保留货源，并通过提供定制化的运输服务，以及中转与多式联运相结合等服务，满足市场多元化、个性化的需求。

此外，鹿特丹港高度重视腹地运输网络的优化完善，通过构建便捷、安全、高效、可靠的港口集疏运体系，通过综合交通网络（水路网、高速公路网

① 1公顷＝10 000平方米。

和铁路网）与欧洲各国连接。特别是鹿特丹港海铁联运的快速发展，有效发挥了其发达的腹地运输网络的优势。鹿特丹通过铁路线路直接延伸至港口作业区，实现海铁联运无缝化衔接，形成了良好的集聚效应和扩散效应。

（2）以港口为核心的城市经济布局

鹿特丹市围绕着优良的港口，充分发挥出鹿特丹港这一稀缺资源优势，开展港口旅游业、造船业、农产品加工业、石油化工业等一系列著名产业，并每年举行世界港口节，实现了城市依托港口、创造名牌城市之路，创造性地发展了一系列与港口相适应的城市经济布局。

鹿特丹港由政府所有并负责规划管理，鹿特丹港因此得到巨大的发展。政府帮助鹿特丹港获得了大量的土地，其面积已经接近鹿特丹市的二分之一。鹿特丹港正是拥有了大量的土地才能不断兴建临港产业、物流园区及先进的码头泊位。鹿特丹港依靠临港产业和物流园区的发展模式，极大地带动了鹿特丹市的发展。鹿特丹港的这种发展模式已经不单纯是港口的发展模式，更是城市、政府的发展模式。目前鹿特丹港就业人口 7 万余人，占全国就业人口的1.4%，货运量占全国的 78%，总产值达 120 亿荷盾，约占荷兰国民生产总值的2.5%。由于鹿特丹港的加工和贸易功能，鹿特丹市目前已经成为世界贸易中心，同时也是欧洲地区货物集散中心、粮食贸易中心和汽车贸易中心。

（3）打造港口—城市生态圈

鹿特丹港通过规划引领、政策扶持、综合服务、产业配套等举措实现紧密协作、高度协调的港城联通协调发展，向打造港口生态圈方向发展。鹿特丹港着重从规划引领、政策扶持、综合服务、产业配套等方面推进紧密协作、高度协调的港口生态圈打造。

一是推进港口战略与人文环境的协调创新。在提升港口利益价值的同时，广泛听取各方面的意见建议，追求港口与城市人文环境、居住环境的协调发展。

二是大力优化营商环境。积极争取地方政府的支持，加强与海关、临港产业、欧洲产业界、航运企业、国际港口、相关协会组织等的合作，广泛与港口物流链相关方建立战略合作伙伴关系，寻求改进贸易便利化的机会，实现互赢共利、共同发展。

三是鹿特丹港大力推进港口可持续发展和港口所在城市的繁荣发展，注重社会人文、生态绿色、环保节能、港产城一体化。

四是鹿特丹港通过规划布局实现港口岸线与生活岸线协调发展，从而充分发挥港口资源优势，优化城市生活环境，并通过城市服务业、旅游业为区域带来经济效益和社会效益，实现港口与城市的融合发展。

（4）建设特色化海港集合体

鹿特丹港是欧洲最重要的石油、化学品、集装箱、铁矿、食物和金属的运输港，具有强大的物流转运功能，建有埃姆、波特莱克和马斯莱可迪三大物流园。物流园与码头及临港产业园紧密联系，交通发达便利，货物进出港高效便捷。同时，鹿特丹港重视腹地运输网络的优化完善，大力发展内陆多式联运，通过密集且多样化的交通运输网络联通欧洲，覆盖从法国到黑海沿岸国家、北欧国家到意大利的主要市场和工业区，打造了便捷、安全、高效、可靠的港口集疏运体系，有力保障鹿特丹港的集聚效应和扩散效应。

凭借得天独厚的地理位置、先进的港口设备、高品质的后勤服务和高效的运输系统，鹿特丹港吸引全球各大航运公司和贸易公司在荷兰建立欧洲配给中心，货物通过保税仓库和货物配给中心（物流中心）进行储运和再加工，提高货物的附加值，然后通过公路、铁路、河道、空运、海运等多式联运将货物送到欧洲内陆各国，进而实现货物"储、运、销一条龙"。

6.1.2 新加坡港——助力城市成为国际贸易中心

新加坡由于处在特殊的地理位置，自然资源严重匮乏，因而其经济高度依赖港口与城市腹地的运行，因此，维护城市与港口之间的联系就成了实现发展的重中之重。实际上，新加坡政府也在秉持着"港为城用，以城促港"的理念方针，搭建适宜产业集群发展的政策环境，为港城之间的良性互动产生积极推进作用。同时，为规避港口城市与港口之间的空间冲突，防止因产业转型造成港城分离，新加坡政府根据当前所处环境不断对政策进行调整，从而产生了以信息技术与自主研发为核心的新型港城关系，利用技术改进港口技术水平，使港口现代化水平领先。为完成从劳动密集型到资本—技术密集型，最终到知识密集型的产业转变，新加坡政府充分利用外资大力发展资本—技术密集产业。同时，新加坡政府坚持环保原则，推进产业可持续发展，打造裕廊石化园区，并以严明的政策和管理很好地解决了石化产业发展与环境保护之间的矛盾，实现了港城高度融合发展。

新加坡港充分利用有限的城市空间，发挥所在城市的各类优惠政策优势，吸引船舶停靠、货物中转，打造亚太地区的集装箱枢纽港，服务城市国际贸易中心的发展。总体来看，新加坡港的发展经验如下。

（1）强化港口硬件设施建设，保障综合物流基础能力

新加坡港的快速发展依赖于其港口硬件设施建设。新加坡投入大量的资金在港口设施建设中，特别是对于集装箱码头泊位、集装箱运输设施等（表4-2）。2020年，新加坡港集装箱处理能力达到5 000万标准箱。新加坡非常注重保住其集装箱枢纽港的地位，甚至提出通过新建大士港进一步提升港口能力，大士港建成后其集装箱吞吐能力可达6 500万标准箱。

新加坡主要集装箱码头设施设备情况见表6-2。

表6-2　新加坡主要集装箱码头设施设备情况

码头	泊位/座	码头长度/米	面积/公顷	水深/米
布拉尼	8	2 400	80	15.0
吉宝	14	3 200	105	15.5
丹戎巴葛	7	2 100	85	14.8
巴西班让一期	11	3 800	160	15.0
巴西班让二期	12	4 000	170	16.0
巴西班让滚装	3	1 000	20	16.0
巴西班让三、四期	18	5 650	210	18.0
三巴旺	4	660	28	11.4
裕廊	32	5 629	152	15.7

数据来源：根据新加坡港相关数据整理。

（2）以密航线网络，让城市与世界联通

全球联通性是新加坡港成为世界领先的集装箱转运枢纽港的关键。新加坡港有着发达的航线航班密度，与120多个国家的600多个港口相连，每艘船周

转时间不到 12 小时。任何货物在新加坡港中转，都可以以最快的速度换装到抵达目的港的航线航班上。此外，快速发展的新加坡空港（樟宜国际机场）每个星期有 6 200 个航班连接世界 60 个国家的 220 个城市。新加坡港与空港物流之间的运输时间短，货车离开空港物流园区，20 分钟内可以到达港口。新加坡的海空联运为新加坡港的建设带来更多、更广阔的货源、客源（表 4-3）。

新加坡港的全球网络见表 6-3。

表 6-3　新加坡港的全球网络

地域	每天平均航班数	每周平均航班数
南亚、东南亚国家	70	466
中国（包括香港、台湾）	9	73
日本	5	39
欧洲国家	4	35
北美洲国家	2	14
南美洲国家	1	7
澳洲、新西兰	3	19

数据来源：根据新加坡海港资料整理。

（3）发展航运相关产业，打造城市服务业核心优势

新加坡自身经济腹地较小，腹地货源不足，主要以国际中转为核心业务，将其他国家和地区的国际贸易货物作为服务对象，注重开展面向国际中转的水水中转服务。新加坡港通过提供船舶停靠泊服务，海运货物的装卸、换装、仓储、拆分及再次集拼服务，使得中转型货物在本地港口进行高效、便捷的作业处理后再换装国际班轮大船至远洋航线，以提高新加坡的港口中转货运能力。新加坡港不仅在海运服务上有明显优势，还在空运、炼油、船舶修造等方面具备产业优势，同时又是重要的国际金融和贸易中心。利用这些优势条件，围绕集装箱国际中转，衍生出了许多附加功能和业务，进一步丰富了新加坡港的内涵式发展。新加坡港是国际集装箱管理和租赁中心，发达的集装箱国际中转业务，吸引了许多船公司把新加坡作为集装箱管理和调配基地，形成了一个国际

性的集装箱管理与租赁服务市场。新加坡是国际船舶换装修造中心、亚洲最大的修船基地。新加坡港在为船舶提供维修服务的同时，还提供国际船舶换装与修造一体化服务。需要检修的船舶往往满载货物从其他港口驶往新加坡，将货物在新加坡港换到其他船舶后，就近在新加坡进行维修，不仅节省成本，还为船东提供方便，这样就为新加坡的修船业带来了更多的业务。新加坡还是国际船舶燃料供应中心、世界第三大炼油基地。由于油品价格低廉，同时位于航运要道，大部分往返欧亚航线的船舶只选择在新加坡或鹿特丹两地加油。

（4）拓展临港工业和高端制造业，实现港城产业融合

新加坡一直把临港工业和海洋高端制造业作为航运经济发展的重要抓手，不断加大港口与工业联合发展力度。新加坡围绕港口发展传统货运业，并且利用良好的中转区位优势吸引船舶抵港，配套提供船舶燃油加注、船舶修造、船舶供应等各类延伸服务，围绕港口及船舶形成了化工产业集群、海洋工程装备制造业集群、高端航运服务业集群等。

6.1.3 汉堡港——欧洲互联互通枢纽

汉堡港作为德国最重要的海港和欧洲第二大集装箱港，是欧洲的门户枢纽，承担着60%中欧货物的运输任务。汉堡港的发展经验主要有以下几个方面。

（1）全链条物流服务助推城市成为欧洲互联互通核心节点

汉堡港是欧洲发展最快、最高效的物流基地。其依托优越的地理位置，将河运、海运结成一网，与世界各地大多数海港直接通航，被称为"两海三河之港"。目前，汉堡港的公路、铁路、水路运输发展均衡，通过铁路运输可以直接到达东欧、南欧等地区。内河水路运输与欧洲丰富的水网相连接。沿海支线运输则可以通达波罗的海沿岸国家和英伦三岛。铁路货运网密度居欧洲之首，公路网也四通八达。汉堡港不仅仅依靠关税优惠吸引贸易，更重要的是注重提升港口物流效率和服务，为5 700多家物流公司提供了一整套完备的增值服务，在世界范围内形成了一个完整的物流上下游产业链。汉堡港根据不同客户的需要，能够及时高效地处理多货种、多功能、大范围和不同周期的综合

物流活动。汉堡港有将近 2 000 多家专业货运公司，服务范围遍及整个德国和欧洲其他地区，提供各种仓储、配送、进出口集装箱装拆箱和门到门的个性化服务。

（2）开放的港航服务成为城市经济增长新引擎

虽然汉堡自由贸易港制度自 2013 年 1 月起终止，但是自由港政策撤销后，汉堡港运输和关税流程更加顺畅和灵活。在现行的汉堡港关税条件下，船只从海上进入或离自由港驶往海外无须向海关结关。进出或转运货物在自由港装卸、转船和储存不受海关任何限制，货物进出不要求每批立即申报与查验，45 天之内转口的货物无须记录。汉堡通过优惠的关税条件，不仅顺应了欧盟一体化的需要，同时最大程度减少了因政策改变给企业带来的不变，提升了汉堡港政策环境的吸引力。

开放的航运市场和优惠的关税政策为汉堡港的发展创造了有利的软环境。汉堡港不仅有大量的航运船舶进出，而且还是世界各船公司登记注册和活动的所在地。港口周边聚集了大量的船舶市场主体和航运服务要素，为汉堡港带来大量的船舶及货物服务需求，同时也为汉堡港港口延伸服务业的开展提供了基础。港口物流形成的产业链是汉堡港发展现代服务业、提升港口服务功能的重要依托。汉堡港借助于港口综合区位优势，综合运输便捷条件，条件良好的基础设施和配套服务及发达的临港工业区，因地制宜地发展物流业，兴建物流中心，不仅降低了汉堡港的物流成本，丰富了港口物流服务功能，提升了港口服务价值，更带动了区域产业经济的发展。

（3）临港产业的发展充分依托港口区域的资源优势

汉堡港的临港产业呼应德国主要出口产业。汽车、机械、电子类产业属国家和地区优势工业门类，具有极强的出口导向性，直接享受港航业务发展的便利；航空工业、光学仪器等虽与航运业务关联较小，但其发展依托了汉堡市在区域集疏运系统中的枢纽地位，并立足于城市自身的工业本底，货运量主要依靠自身工业产品出口和内部生产生活所需物资进口。因此，在选择临港产业门类时，必须考量腹地产业优势门类，布局需要大运量和出口便利的产业，充分利用航运和综合交通系统发展优势。

（4）适当引入市场化机制和创新管理体制

20 世纪五六十年代，"政企合一"的汉堡港口运输公司引入民营资本控股，撤销了其对港口建设决策的垄断权。港口装卸、仓储、运输企业都是民营性质，企业负责自身园区内部道路和设施的建设，同时由市场行为控制码头租金的浮动。政府只负责建设港口基础设施及管理审核企业的建设经营。商业化和市场化为汉堡港留下一批竞争力最强、最具活力的企业，也解决了港口建设中的部分资金问题。同时建立港口管理局，主要负责港区基础设施的规划、建设和运营，并直接参与市、州政府的决策以在联邦政府的规划中争取最大的利益，促进汉堡港的快速扩张，奠定汉堡市在全国性集疏运系统中的枢纽地位。

6.1.4 伦敦港——奠定城市航运服务中心地位

伦敦作为一个历史悠久的港口城市，在整个城市的发展过程中，港口与城市之间的关系得到了较好的处理，以促进科技创新为重点，以创新引领产业现代化转型，将制造业经济模式变革为高技术含量、高附加值、低消耗的服务型经济模式，使伦敦这一国际航运中心转变成了国际航运服务中心，并保持世界大都市的活力，实现港口与城市发展的双赢。搭建航运服务发展环境与积累航运服务相关专业知识是伦敦能够将国际航运服务从集聚转变为集群的关键，同时，随着航运资源配置能力与航运服务功能的逐步完善，形成了具有以多部门、多层次、协调合作、共同提升为特点的国际航运服务体系，该体系能够为创新型港口服务业经济发展起到积极引领作用。

伦敦港是英国最大的海港及贸易金融中心，也是世界著名的港口之一。伦敦港作为世界公认的国际航运服务中心，靠的不是集装箱和货物吞吐量，而是发达的港航服务业，其集中了世界各地的船舶和船公司的代表机构。总体来看，伦敦港的发展经验可以总结为以下几个方面。

（1）发布权威信息，培育和聚集全球高水平服务机构

伦敦波罗的海航交所是世界第一个也是历史最悠久的航运市场，也依然是目前世界上最主要的航运市场信息权威发布部门，为船东和船舶管理者提供权威的信息，方便他们判断市场状况和寻找合适的伙伴。全球 46 个国家的 656 家公司是航交所的会员，该所编制的波罗的海干散货指数反映了包括煤炭、铁矿石和谷物等在内的全球大宗商品的需求。

伦敦港聚集了众多的国际航运组织和行业协会，比如国际海事组织、国际海事局、国际救捞联合会、国际船级社协会、国际航运协会、国际干货船船东协会、波罗的海国际海事公会等，形成了高层次的航运服务生态，使伦敦航运服务集群在了解行业动态和新标准方面具有领先优势。

（2）发展高端海运服务业，扩大全球航运交易市场份额

目前，伦敦港依旧是世界最大的海事服务提供基地。伦敦港大力发展产业链上游产业，通过提供海事服务影响国际贸易；随着经济的发展，有效降低运输成本，规模效应和外部经济等经济效益逐渐显现；区内企业之间的竞争与协作，触发员工间的竞争压力与知识交流，形成持续的创新动力、知识外溢和技术扩散。港区吸引了数千家上规模的各类航运服务企业，一些已成为航运服务业方面的世界品牌。航运服务涵盖船舶代理、法律、融资、保险、船级认定、保险服务、航运信息服务、海事服务、海事研究与交流、海事监管、国际贸易争端解决等。伦敦港仅航运服务业每年创造的价值就达 20 亿英镑。

伦敦港占有全球船舶融资的 18%、油轮租赁的 50%、散货租赁的 40% 及船舶保险 23% 的市场份额。每年，伦敦航运融资放贷总额约为 200 亿英镑，约占世界市场份额的 20%，航运保险费收入约为 32 亿英镑，约占世界市场份额的 19%。伦敦每年航运仲裁总案值约为 4 亿美元，航运经济交易金额约为 340 亿美元，约占世界市场份额的 50%。

（3）持续推进航运金融服务创新，促进跨区域金融合作

伦敦港以引领世界的航运服务产品创新和市场创新，确立产业的国际地位。在航运保险方面，不断推出货物保险、船舶保险、再保保险、责任险等险种，催生了劳合社保险市场的形成。在航运金融方面，推出税务租赁、航运运费衍生品，并催生了航运金融中心和航运运费衍生品交易市场的形成。在航运信息和咨询方面，伦敦的德鲁里和克拉克松不断提供新服务，包括航运市场分析、行业发展预测、企业发展战略等，成为航运信息与咨询的世界权威。在市场创新方面，积极与其他国际航运中心合作，设立分支机构，扩大服务网络。如波罗的海航交所在新加坡和上海设立办事处，英国金融城积极促进伦敦与其他国家的航运金融合作与交流。

6.2 经验借鉴

6.2.1 加强港口基础设施和物流体系建设

在全球港口的多元发展格局中，各个港口尽管发展模式千差万别，但都无一例外地借助构建独特网络来推动自身发展，且所运营的网络类型丰富多样，涵盖全球码头网络、港口集群网络、无水港网络等。以新加坡港为例，其通过在全球范围内投资码头港口，成功打造了全球化集装箱服务网络，为环球集装箱航线的高效运作提供了有力支撑，极大地加快了集装箱在港口的中转效率，彰显了完善基础设施与网络化经营相结合所产生的强大效能，不仅有效拓展了港口的辐射范围，还显著提升了港口的影响力与竞争力。

集装箱海铁联运凭借运量大、运距长、换装快、污染小等显著优势，已然成为长距离集装箱内陆运输的核心方式。欧洲港口得益于其发达的铁路网，铁路线能够直接延伸至码头以及临港工业区内部，欧洲境内主要的铁路线路均汇聚于港口，部分港口甚至专门开通了货物专线，使得到港货物在最晚 3 天内即可顺利抵达欧洲主要国家和城市，有力保障了长距离集装箱运输的时效性与高效性。然而，在现代港口对长距离集装箱运输的要求日益严苛的背景下，我国港口在海铁联运方面与欧洲港口相比仍存在较大差距，突出表现为联运比例偏低。鉴于此，我国港口应将提高海铁联运比例、优化海铁联运服务质量作为重点任务加以推进，积极借鉴欧洲港口的成功经验，加大铁路设施建设投入，完善海铁联运衔接机制，加强与铁路部门及相关企业的合作协同，从而逐步缩小与国际先进水平的差距，更好地适应全球互联互通的发展趋势，为国际贸易与物流运输提供更为强劲、高效的支撑。

6.2.2 完善港城共荣发展模式

港口与城市相互依存、相互促进，而由于不同港口的腹地特性存在显著差异，这就决定了港口在规划发展模式时必须紧密契合腹地实际情况，在全力服务腹地经济发展的过程中谋求自身的可持续发展。新加坡港便是典型例证。其地处太平洋与印度洋之间的关键航运要道，地理位置得天独厚。基于此，新加坡港充分挖掘并利用这一地理优势，大力建设东南亚转运枢纽港口，并积极布局石油化工产业，依托转运业务和特色产业带动港口繁荣。然而，新加坡国土面积狭小的客观现实对港口进一步拓展形成了严重制约。为突破这一瓶颈，新加坡港果断实施全球化投资战略，主动"走出去"，积极在全球范围内寻觅投资机遇，通过在其他国家和地区建设码头、拓展业务，为新加坡港务集团开辟崭新市场空间，成功实现港口发展模式的创新转型，在全球港口竞争格局中占据一席之地，同时也为新加坡城市的国际化进程注入强大动力，带动了相关金融、贸易、航运服务等产业协同发展，促进了城市经济结构的优化升级。

鹿特丹港作为欧洲的门户，同样占据着优越的地理位置，是欧洲重要的转运港之一。但与新加坡港形成鲜明对比的是，鹿特丹港拥有广袤的土地资源，且其服务腹地覆盖整个欧洲大陆。凭借丰富的土地储备以及发达的欧洲经济腹地所带来的强大支撑。充分利用土地资源优势，着力打造临港工业和物流园区，形成了独具特色的 "储运销" 一体化发展模式。在这一模式下，港口高效的仓储设施能够满足大量货物的存储需求，便捷的运输网络确保货物快速周转与调配，强大的销售渠道和完善的市场体系则有力促进了货物的流通与增值。临港工业的蓬勃发展吸引了众多上下游企业集聚，形成了完整的产业链条，不仅提升了港口的综合竞争力，还带动了鹿特丹城市及周边区域的经济繁荣，创造了大量就业机会，推动了城市基础设施建设和社会事业发展，实现了港城深度融合与共荣共进。

综上所述，各港口应精准把握自身腹地特点，因地制宜制定发展战略，探索适合自身的港城共荣之路，以实现港口与城市的协同发展、互利共赢，在全球经济一体化的浪潮中持续释放发展活力与潜力。

6.2.3 积极拓展港口业务发展新方向

在全球航运格局深度变革的时代背景下，世界主要港口正加速朝着第五代港口升级演进，这一进程孕育了航运领域的创新浪潮，新技术、新服务、新业态如雨后春笋般不断涌现。大数据技术深度赋能港口运营管理决策，自动化码头显著提升装卸效率与作业精准度，智慧港口构建起全方位智能化管控体系，绿色港口理念推动港口可持续发展实践，而航运金融、教育、咨询、会展等高端服务也日益成为港口竞争的关键领域并备受瞩目。面对如此蓬勃发展的态势，各个港口必须顺势而为，积极探索开展全新的业务模式，坚定不移地踏上港口多元化经营之路，以此增强自身综合竞争力与抗风险能力，适应航运业发展新潮流并引领未来趋势。如鹿特丹港就是通过发展临港产业对货物进行加工，然后通过物流园区为货物提供仓储、运输、贸易等服务，来达到多元化经营的目的。汉堡港则是利用自由港政策，为仓储、货代、造船、修船等企业提供优惠的政策，吸引这些企业入驻汉堡港，为汉堡港提供多元化服务。

港口在迈向多元化经营的时候，要以第四代港口的相关理论作为指导，做到港口的"四"转变和港口服务"五"拓展。所谓的"四"转变，即从传统的港口运营商角色向港口开发商角色迈进，意味着港口不再局限于简单的码头运营与货物装卸业务，而是积极参与港口基础设施建设与区域开发规划，通过土地开发、园区建设等方式拓展发展空间与盈利渠道；由单纯的港口装卸服务提供商转型升级为国际物流供应链综合服务提供商，要求港口深度融入全球物流供应链体系，整合上下游资源，提供包括采购、仓储、运输、配送、加工、信息共享等一站式综合服务，实现从节点到枢纽、从局部到全程的服务跨越；从国际资本承接者蜕变成为港口行业和运输业的投资商，鼓励港口企业积极主动参与国内外港口项目投资、航运企业并购与战略布局，通过资本运作增强在全球航运市场的话语权与资源掌控力；由传统的货物集散港口转型为跨国企业全球采购供应和国际配送基地，这需要港口依托自身高效的物流网络与完善的配套服务设施，吸引跨国企业在此设立全球采购中心与配送中心，深度嵌入全球产业链分工体系，成为全球贸易与产业协同发展的重要支撑平台。

港口服务"五"拓展明确了港口业务拓展的五个关键方向。在生产服务维度，港口可通过建设专业的加工园区、装备制造基地等，为临港产业及周边地区提供原材料加工、零部件制造、产品组装等生产性服务，促进区域产业集群发展与制造业升级；物流服务维度要求港口持续优化物流网络布局，提升仓储设施智能化水平，拓展多式联运服务能力，加强与铁路、公路、航空等运输方式的无缝衔接，打造高效便捷的现代物流枢纽，降低物流成本，提高物流效率；信息服务维度强调港口构建完善的信息平台，整合港口运营数据、物流信息、市场动态等各类信息资源，为港口企业、货主、船公司等提供精准的信息咨询、数据挖掘分析、智能决策支持等服务，实现信息共享与协同作业，提升港口运营管理的信息化与智能化水平；商贸服务维度鼓励港口发展商贸交易功能，建设大宗商品交易市场、专业商品展销中心等，开展现货交易、期货交易、电子商务等多元化商贸活动，促进商品流通与贸易往来，带动港口经济繁荣；金融服务维度则倡导港口与金融机构合作创新金融产品与服务模式，开展航运融资、保险、租赁、结算等金融业务，为港口建设、航运企业运营、贸易活动开展等提供全方位金融支持，增强港口经济的金融服务能力与抗风险能力。

6.2.4 突出航运金融的高端引领

在全球经济格局深度调整与航运业持续演变的大背景下，世界航运中心呈现出明显的东移态势。这一趋势使得全球航运领域的竞争态势愈发白热化，各大港口及相关经济体都在全力角逐，以谋求在新的航运版图中占据有利地位。而航运金融，作为航运产业链条中的高端关键环节，已然成为这场激烈竞争的核心主战场。在未来的航运业发展进程中，航运金融将凭借其独特的属性与重要地位，引领航运业迈向更高层次的发展。

航运金融自身具备显著的高技术含量、知识密集性与专业性特征，处于航运产业价值链的上游高附加值区域。其对于港口经济的价值提升有着不可替代的关键作用，为航运业的稳健前行提供坚实的资金支持与风险保障，有力地促进了进出口贸易的繁荣以及对外投资活动的顺利开展。以伦敦为例，深入剖析其港口、航运业与金融业的协同演进历程，能较为清晰的观察出伦敦金融中心的崛起轨迹与其在国际贸易领域所彰显的强大实力、在航运领域尤其是航运金融方面所积累的深厚底蕴是紧密交织、同步推进的。伦敦凭借其发达的航运金融体系，不仅在全球航运市场中牢牢掌控着定价权、资源配置权等核心话语权，还极大推动了金融保险等相关产业的蓬勃发展，进而构建起了一个高度国际化、多元化且极具竞争力的经济生态系统。

鉴于此，在当代港口谋求服务城市与区域协同发展的战略框架下，务必高度重视航运、贸易、金融这三大核心功能的深度融合与良性互动。通过持续加大对航运金融领域的创新投入，鼓励金融机构研发贴合航运业特色需求的创新性金融产品与服务模式，如船舶融资租赁创新方案、航运产业基金的精准设立与运作、基于航运大数据的风险评估与信用评级模型构建等，以此来切实增强航运金融的创新服务效能。一方面能够为区域内的贸易活动提供更加灵活、便捷且成本可控的金融解决方案，有效降低贸易风险，提升贸易效率，促进区域贸易规模的稳步扩张；另一方面，也能够为航运业的可持续发展注入源源不断的资金动力，助力航运企业优化资产结构、提升运营管理水平、加速技术创新与绿色转型步伐，从而进一步夯实航运业在全球产业链中的地位与竞争力。在航运金融创新服务功能不断强化的过程中，城市经济将获得更为强劲的增长动力，金融保险等相关产业也将在航运金融的带动下实现协同发展，形成产业集群效应与规模经济优势，最终实现港口、城市与区域之间的互利共赢、协同共进，在全球经济一体化的浪潮中塑造独特竞争优势与发展韧性。

7 天津港服务天津市融入"一带一路"建设的总体要求

7.1 总体要求

7.1.1 发展思路

以习近平新时代中国特色社会主义思想为指导，全面贯彻落实习近平总书记关于共建"一带一路"系列重要讲话精神，完整、准确、全面贯彻新发展理念，立足天津作为"一带一路"交会点、中蒙俄经济走廊东部起点、新亚欧大陆桥经济走廊重要节点、海上合作战略支点的总体定位，立足新发展阶段，贯彻新发展理念，构建新发展格局，以推动高质量发展为主题，更加注重质量效益、一体化融合、创新驱动，围绕北方国际航运核心区建设，以设施补短板夯实发展基础，以区域港口协同增强发展动力，以智慧化、绿色化引领发展方向，立足天津港有机衔接"丝绸之路经济带"和"21世纪海上丝绸之路"的区位优势，加强海上通道与中蒙俄、新亚欧大陆桥走廊的互动联系，深化与沿线国家的务实合作，使天津港成为促进陆海内外联动、东西双向互济的北方重要支点，充分发挥天津港联结海陆双向的核心枢纽优势，放大辐射带动区域效应，推动天津市高质量融入"一带一路"建设和打造全方位对外开放格局。

7.1.2 发展定位

根据《推动共建丝绸之路经济带和 21 世纪海上丝绸之路的愿景与行动》的合作重点，结合天津对外开放与融入"一带一路"建设对港口的需求，天津港服务天津市融入"一带一路"建设的发展定位为：天津港是天津市融入"一带一路"建设的设施联通枢纽、贸易畅通支点、资金融通载体与民心相通纽带（图 7-1）。

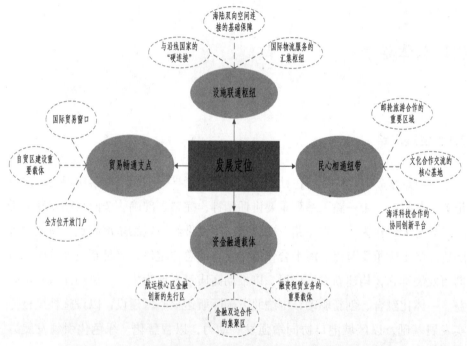

图 7-1　天津港服务天津市融入"一带一路"建设发展定位

设施联通枢纽：天津港是天津市融入"一带一路"建设的"硬连接"，是天津市与"21 世纪海上丝绸之路"、中蒙俄经济走廊、新亚欧大陆桥、中国—中亚—西亚经济走廊沿线国家和地区东西、海陆双向空间连接的基础保障，是海运、陆水联运等国际物流服务的重要汇集枢纽。

贸易畅通支点：天津港是天津市与"一带一路"沿线国家和地区开展国际贸易的前沿窗口，是中国（天津）自由贸易试验区建设的重要载体，是天津临港工业聚集发展、滨海新区促进产业发展的重要支撑，是优化天津市乃至京津冀及三北腹地与"一带一路"沿线国家和地区产业链分工布局的战略支点,是我国北方发展更高层次外向型经济的全方位开放门户。

资金融通载体:天津港是天津市北方国际航运核心区金融创新的先行区,是天津市与"一带一路"沿线国家和地区开展航运、海工等领域金融双边、多边合作的集聚区,是"一带一路"融资租赁业务开展的重要载体。

民心相通纽带:天津港是天津市开展"21世纪海上丝绸之路"邮轮旅游合作的重要区域,是天津市与"一带一路"沿线国家和地区文化合作交流的核心基地,是与沿线港口开展海洋科技合作的协同创新平台。

7.1.3 发展目标

天津港服务天津市融入"一带一路"建设的总体目标为:充分发挥天津港作为中蒙俄经济走廊东部起点、新亚欧大陆桥重要节点、"21世纪海上丝绸之路"重要支点的核心资源优势,进一步推动天津成为我国北方与"一带一路"沿线国家和地区物流、人流、商品流、资金流和信息流汇聚的重要中心,全面支撑天津市建设全国先进制造研发基地、北方国际航运核心区、金融创新运营示范区、改革开放先行区,保障"五个现代化天津"建设,服务"一带一路"、京津冀协同发展。围绕发展定位,具体将天津港建设成为"四港一区",即一流枢纽港、自由贸易港、航运金融港、国际邮轮港和海洋文化与科技交流区(图7-2)。

一流枢纽港。建成航运基础设施全球领先、航运资源高度集聚、航运服务功能齐备、资源配置能力突出的国际一流港口,为京津冀产业跨区域转移提供连接"一带一路"沿线国家和地区的运输通道,保障国际化运输。

自由贸易港。建成引领区域全面开放,加快"三北"地区产业转型升级的自由贸易港,提供国际中转、国际配送、国际采购服务,提高天津的国际竞争力。

航运金融港。建成聚集金融、保险、法律、经纪等高端航运要素,引领航运金融创新的航运金融港。

国际邮轮港。将天津港建设成京津冀乃至我国北方重要的邮轮经济聚集区,打造亲水休闲、港口文化服务区,打造吸引"一带一路"沿线国家和地区高端旅游需求的休闲旅游港与海上休闲活动区。

海洋文化与科技交流区。将天津港打造成天津市与"一带一路"沿线国家和地区港口及海洋文化与海洋科技创新合作交流的重要区域。

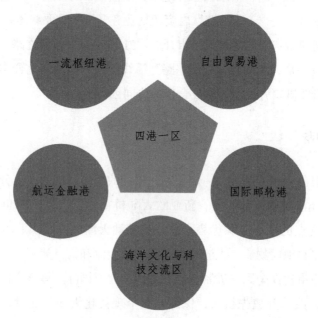

图7-2　天津港服务天津市融入"一带一路"建设发展定位

7.2 发展机制

7.2.1 构建战略协同机制

将天津港的发展规划全面纳入天津市融入"一带一路"的总体战略框架之中，从宏观层面统筹考虑港口基础设施建设、港口功能布局优化、城市产业布局调整以及对外经济合作战略等多方面因素，确保两者在战略目标、发展路径与实施步骤上高度协调一致。例如，在制定天津市"十五五"规划时，明确天津港在拓展"一带一路"航线网络、提升港口智能化水平以及加强与沿线国家经贸合作中的核心任务与阶段性目标，并配套相应的政策支持与资源保障措施。

7.2.2 构建物流运输协同机制

构建天津港与天津市物流企业以及"一带一路"沿线国家物流信息共享平台。整合港口物流作业信息、货物运输信息、仓储信息、海关监管信息等各类物流数据资源，实现物流信息的实时采集、传输、处理与共享。通过平台的大数据分析功能，为物流企业提供精准的市场预测、运输路线优化、库存管理等决策支持服务，提高物流运营效率与管理水平。同时，平台与沿线国家物流信息系统对接，实现跨境物流信息的互联互通，促进国际物流运输的顺畅进行，提升天津港在全球物流供应链中的核心地位。

7.2.3 构建产业联动协同机制

依托天津港的物流优势与资源集聚效应，在港口周边规划建设与"一带一路"产业需求紧密结合的临港产业集群。重点发展高端装备制造、新能源新材料、现代物流、国际贸易与航运服务等产业领域。例如，吸引国内外先进的装备制造企业在临港区域设立生产基地，利用港口便捷的运输条件实现原材料进口与产品出口，同时为其提供配套的物流、金融、贸易等服务，形成完整的产业链条与产业生态系统，提升产业附加值与国际竞争力。

7.2.4 构建贸易便利化协同机制

建立天津港与海关、检疫检验、商务等部门以及"一带一路"沿线国家相关机构的贸易便利化协同推进工作机制。在国内，推行"单一窗口 + 一站式服务"模式，整合各部门的贸易监管与服务功能，实现企业进出口申报、审批、征税、放行等全流程电子化与一站式办理，大幅缩短货物通关时间。在国际层面，与沿线国家海关建立监管互认、执法互助与信息共享机制，开展跨境贸易便利化联合行动，如 AEO 互认合作，为诚信企业提供通关便利，降低贸易成本与制度性交易成本，促进贸易自由化与便利化。

7.2.5 构建金融产品与服务创新机制

针对天津港的贸易业务特点，创新开发多种特色贸易融资产品。例如，"港航订单融资"产品，依据企业与天津港签订的航运订单或物流服务订单，为企业提供融资支持，帮助企业提前获得资金用于原材料采购、设备更新等；"仓单质押＋保险"融资模式，企业将存储在天津港物流仓库的货物仓单质押给金融机构，并购买相应的货物保险，金融机构以此为依据给予企业融资，既保障了金融机构的资金安全，又解决了企业的资金周转问题；"离岸贸易融资包"，为从事离岸贸易业务的企业提供包括离岸账户开立、离岸贷款、国际结算等一站式融资服务，助力企业拓展离岸贸易市场。

7.2.6 构建文化交流与舆情引导机制

通过举办国际港口论坛、"一带一路"主题研讨会等高端国际活动，邀请沿线国家政要、企业家、学者等参与，展示天津港的发展成就与天津在"一带一路"中的角色与贡献，提升天津的国际形象与知名度。同时，加强对"一带一路"建设相关舆情的监测与引导，利用社交媒体、新闻媒体等渠道，及时发布准确、客观的信息，回应国际社会关切与质疑，塑造积极正面的舆论环境，为天津港融入"一带一路"建设赢得广泛的国际社会支持与认可。

7.3 实施路径

7.3.1 强化基础设施升级与互联互通

一是推动口设施现代化。对天津港的码头泊位、航道等进行升级改造，提高其吞吐能力与作业效率，以适应大型船舶及日益增长的货物运输需求，加大对深水泊位建设的投入，确保能停靠更大型的集装箱船。升级改造集装箱码头，引入先进的自动化装卸设备和智能仓储管理系统，提高港口的作业效率和货物处理能力。建设自动化集装箱码头，实现集装箱的自动装卸、搬运和存储，减少人工干预，提高操作精度和速度。

二是构建高效集疏运网络。加强铁路建设，增加港口铁路专用线数量并优化布局，提升海铁联运比例，实现港口与内陆铁路网的无缝衔接，促进货物快速集散。改善公路交通状况，拓宽和升级通往港口的公路主干道，提高公路运输的时效性与可靠性，保障货物运输的顺畅性。推动多式联运发展，整合海运、铁路、公路、航空等多种运输方式，在天津港建立多式联运枢纽中心，通过信息共享与协同作业，为客户提供一站式物流解决方案，降低物流成本。

7.3.2 推动贸易便利化与市场拓展

一是优化贸易环境。进一步简化海关手续，推行"单一窗口"服务模式，实现进出口货物申报、查验、征税、放行等全流程电子化操作，提高通关效率。整合海关、检疫检验、海事等部门的业务系统，企业只需在一个平台上提交相关信息，即可完成所有通关手续，大大缩短货物在港停留时间。加强与"一带一路"沿线国家的贸易政策协调，推动双边或多边贸易协定的签订与实施。积极参与区域贸易合作组织的活动，与沿线国家就贸易自由化、投资便利化等问题进行深入谈判，争取更多的贸易优惠政策，降低贸易成本。

二是拓展贸易市场。组织企业参加"一带一路"沿线国家的各类经贸展会和商务洽谈会，帮助企业了解当地市场需求，寻找贸易合作伙伴。每年组织天津的机械制造、化工、农产品加工等企业参加中亚、中东等地区的国际展会，展示天津的优势产品，拓展海外市场。利用天津港的物流优势，发展跨境电子商务。建设跨境电商物流园区，吸引电商企业、物流企业和支付企业入驻，提供一站式的跨境电商服务。建立跨境电商保税仓库，实现货物的快速分拣、包装和配送，提高跨境电商的物流效率。

7.3.3 促进港口产业协同与创新发展

一是产业联动发展。推动天津港与天津市内产业园区的协同合作，以港口物流为依托，促进临港产业与城市其他产业的深度融合，形成产业集群效应，如发展临港高端装备制造、现代物流服务等产业，带动相关上下游产业发展。鼓励天津企业与"一带一路"沿线国家开展产业合作，通过产业转移、技术交流、合资建厂等方式，实现资源共享与优势互补，推动天津产业结构优化升级，推动天津传统制造业向劳动力成本较低的沿线国家转移部分生产环节，同时引进国外先进的智能制造技术提升天津制造业水平。

二是创新引领发展。搭建天津港科技创新平台，联合高校、科研机构及企业，开展智能港口、绿色航运、数字化物流等关键技术研发与应用，提高港口运营的智能化、绿色化水平，如研发智能装卸设备、新能源船舶应用技术等。营造良好的创新环境，设立专项创新基金与奖励机制，鼓励企业在"一带一路"相关领域开展技术创新与商业模式创新，培育一批具有国际竞争力的创新型企业，为天津港的持续发展提供创新动力。

7.3.4 加强金融支持与服务优化

一是金融机构合作创新。促进天津本地金融机构与"一带一路"沿线国家金融机构的广泛合作，建立跨境金融合作联盟，在跨境贸易融资、项目融资、跨境人民币结算、外汇交易等领域开展创新业务合作，为天津港及相关企业提供多元化金融服务，开展跨境银团贷款为大型海外项目提供资金支持。鼓励金融机构开发针对"一带一路"项目的特色金融产品，如供应链金融产品、项目收益债券等，满足企业不同阶段的融资需求，缓解企业资金压力，支持企业拓展海外业务。

二是融资平台搭建。由政府牵头，联合金融机构、企业等多方力量，搭建"一带一路"专项融资平台，整合各类金融资源，为天津港参与沿线国家基础设施建设、物流园区开发、跨境投资并购等项目提供一站式融资服务，提高融资效率与成功率。探索设立"一带一路"产业投资基金，吸引社会资本参与，重点支持天津港相关产业在沿线国家的布局与发展，通过股权投资等方式促进产业合作与项目落地。

7.3.5 深化人文交流与民心相通

一是文化教育交流合作。举办"一带一路"文化艺术交流活动，如国际文化节、艺术展览、文艺演出等，展示天津的文化魅力与特色，增进与沿线国家人民的文化相互认知与情感交流，促进文化融合与传播。加强教育领域合作，推动天津高校与沿线国家高校开展学生交换、联合培养、学术交流等项目，设立"一带一路"奖学金，吸引沿线国家优秀学生来津学习，培养国际化人才，为天津港与沿线国家的长期合作奠定人才基础。

二是旅游与民间交往促进。开发"一带一路"主题旅游线路，将天津的旅游资源与沿线国家著名景点串联起来，推出特色旅游产品与服务，简化签证手续，吸引更多国内外游客参与，促进旅游市场繁荣与人员往来交流。鼓励民间组织、志愿者团体与沿线国家民间力量开展互动交流，通过民间互访、公益项目合作等形式，增进民间友谊与信任，营造良好的社会氛围，为天津港服务天津市融入"一带一路"凝聚广泛的社会力量。

8 天津港服务天津市融入"一带一路"建设的对策建议

基于天津市贯彻落实"一带一路"倡议的形势需求和天津港服务天津市融入"一带一路"建设的发展现状,结合天津港服务天津市融入"一带一路"建设的发展需求和存在问题,参照国内外港口发展有益经验,瞄准天津港服务天津市融入"一带一路"建设的发展定位和"四港一区"的发展目标,围绕设施联通、贸易畅通、资金融通、民心相通4个层面提出12条对策建议,为天津港服务天津市融入"一带一路"建设提供有力支撑。

8.1 建设世界一流现代化枢纽港,放大天津市"一带一路"核心节点的联通效应

8.1.1 精准供给基础设施,增强综合服务能力

优化港航基础设施,构建国际海港枢纽。按照世界一流综合性枢纽港的要求,瞄准实现集装箱3 000万标准箱的生产保障能力,增加具备世界最大型集装箱船舶靠泊能力的泊位数量和规模,开展大型船舶双向通航能力提升及低能见度通航研究论证。建成天津港北航道及相关水域疏浚提升工程,推进建设大沽沙航道提升、锚地浚深扩容等项目,规划研究大港港区第二航道建设,满足大型船舶航行、停靠、锚泊需求。推动综合服务码头区建设。建成大沽口港区粮油6、7号码头,海工装备制造码头工程一期等,为先进装备制造、汽车、

化工、粮油产业发展提供支持。提高航道锚地保障能力。建成天津港北航道及相关水域疏浚提升工程，推进建设大沽沙航道提升、锚地浚深扩容等项目，规划研究大港港区第二航道建设，满足大型船舶的航行、停靠、锚泊需求。推动综合服务码头区建设，研究规划天津港新的纳泥区，满足各港区航道、码头建设运营维护的需要。通过加快实施智能化集装箱码头改造、航道、港池及锚地浚深扩容等工程，提高码头设施和航道锚地能力，全面建成专业化、深水化位居世界前列的国际海港枢纽，实现港口吞吐能力、规模水平及港口作业效率与"一带一路"倡议发展需求相匹配。

完善集疏运体系，打通通港"最后一公里"。有序实施大沽口、高沙岭、大港等港区铁路专用线建设，加快研究北疆进港二线、进港三线延伸至港区集装箱码头的可行性，进一步完善铁路货运廊道体系。推动港城客货交通分离，规划高速公路直接进港，构筑公路货运网络环。实现津石高速、塘承高速全线贯通，形成天津港通往西部、北部地区的便捷通道。规划建设天津港集疏运专用货运通道，形成北部港区"四横三纵、北进北出、南进南出"集疏运网络。港区内建设北港路南延等工程，形成港区内南北向疏解通道。协调中国国家铁路集团有限公司、河北省推动霸州—徐水—涞源—张家口铁路、津蓟铁路扩能改造及北延工程前期工作，打通连接西部、北部腹地的铁路动脉。推动建设汉双、汉周联络线和汉沽编组站，优化市域港口集疏运通道。建成新港北铁路集装箱中心站第二线束，积极推动南疆"公转铁"配套铁路扩容等专用线建设，适时推进进港三线延伸至集装箱码头。协调完善新港北铁路集装箱中心站口岸功能，规划在东丽空港物流园等地区建设港外货运交通枢纽，形成完善的港口综合运输网络，为更好地服务天津市融入"一带一路"建设提供基础性保障。

加快试验区与换装中心建设，创新多式联运体系。响应国家运输结构调整政策要求，以集装箱多式联运和大宗散货"公转铁 + 散改集"试点示范为重点，探索建立多式联运综合试验区，通过健全内外贸多式联运单证标准、推进跨境运输标准规范与国际运输规则对接、施行"一单制"联运服务模式等领域的创新实践，提升多式联运的服务效率和质量。发挥天津港连通三条亚欧大陆桥通道的优势，加大国际陆海联运业务市场开发，打造全程物流服务品牌。以天津港新港北铁路集装箱中心站为载体，加强与滨海国际机场的联动发展，推动海、空、铁多式联运换装中心建设，实现海空两港货物联运需求的信息共享，推进海港和空港口岸及保税政策联动，提供更多支撑"一带一路"建设的海铁联运产品。整合推进内陆港布局建设。加强与俄罗斯、蒙古国、日本、韩国及中亚等国家和地区的合作，拓展中欧班列国际海铁联运功能，加大班列开行规模，构建以天津港为核心的国际多式联运物流服务网络。

优化港产城空间布局，推动港城协调发展。优化港城空间布局，为港口发展留足空间，实施战略留白、生态留白。加强规划管理和岸线审批，严格管控和合理利用深水岸线，鼓励以公用码头为主要方向，以规模化、集约化、专业化为主要方式利用港口岸线资源。科学划定港区边界，海滨大道以东重点支持航运核心功能建设，严控非航运业务发展。强化海滨大道等主要集疏运通道两侧的规划管控，研究设置港城分界缓冲带，实现港城协调发展。支持港口后方关联产业发展，依托北疆、东疆、大沽口港区，推进综合保税区建设。依托大沽口港区，打造先进装备制造基地和粮油精深加工产业集群。依托大港港区，打造世界一流的南港化工新材料基地和石化产业聚集区。港口作为战略资源，是拉动经济发展的重要引擎，而天津港作为"硬核"资源，在津滨"双城"发展中扮演着举足轻重的角色，也是引领天津高质量发展的关键所在。

8.1.2 拓展海陆双向辐射网络，提升外向连接能级

为了更好地服务天津市融入"一带一路"建设，天津港除了要继续加强"向东"面向海洋的对外开放之外，还需强化"向西"面向大陆的开放合作，加强与中亚、欧洲等国家及俄罗斯的互联互通。

拓展海向航线辐射网络，服务"21世纪海上丝绸之路"建设。深化与"21世纪海上丝绸之路"沿线港口物流网络的共建合作，联合中远海运、招商局等大型企业参与沿线码头物流项目投资运营，推动全球前十大班轮公司业务区域总部落户天津。抢抓打造"冰上丝绸之路"机遇，加强与俄罗斯港口的合作，积极开展通航专题研究，推动天津港成为重要的北极航道港口。加快"走出去"进程，进一步拓展港口航线网络，提升航线质量，重点增加"一带一路"沿线国家航线，加密至东南亚、欧洲、地中海沿岸等国家和地区航班，发展双向对流的中日、中韩海运快线。力争打造以天津港为中心的干支中转网络，构建"干支联动、相互支撑"的发展新格局。以集装箱班轮为重点，积极拓展远

近洋航线，加密航班密度，推动环渤海地区形成以天津港为核心的区域集装箱运输格局，形成覆盖"一带一路"沿线、通达全球、具有全球影响力和吸引力的海运航线网络。

拓展陆向物流辐射网络，服务"丝绸之路经济带"建设。持续优化"丝绸之路经济带"上的无水港物流枢纽节点，积极探索在中亚等地区建立境外无水港，把物流网络延伸到境外沿线。以快速提升在腹地的品牌影响力和港口物流服务能力为导向，通过大力开发货物配送分拨、加工组装、保税仓储、物流信息服务、保税展示交易等增值配套服务，推动无水港向集装箱物流服务营销网络转型。构建以天津港为核心，以我国内陆港，以及蒙古国、俄罗斯、白俄罗斯等沿线国家场站园区为依托的跨境多式联运大通道和双向物流平台，对内辐射雄安新区及京津冀周边主要腹地，对外辐射东北亚、中亚、西亚、欧洲等有关国家。

创新多式联运体系，打造多元对外联结载体。整合推进内陆港布局建设，优化海铁联运班列线路，建立健全铁路运能调配机制，建立"长途精品班列 + 短途城际快运班列"体系，研究开行北京—天津港、石家庄—天津港、保定 / 雄安—天津港等双层集装箱铁路班列。加强与中蒙俄、新亚欧大陆桥走廊的互动联系，完善国际货源组织，重点开发"东北亚—天津港—亚欧大陆桥—中亚、西亚和欧洲"双向多式联运。优化海铁联运班列线路，建立"长途精品班列 + 短途城际快运班列"体系，探索利用 35 吨敞口箱开展海铁联运的可行性。鼓励港航企业与铁路运输企业、第三方物流企业等组建联运经营主体，创新运单互认标准与规范，推行"一单制"联运服务模式。研究开行双层集装箱铁路班列，推广"钟摆式"运输、甩挂运输等集约高效的货运组织模式。开发试点运营线路，推行"一口价"政策，推广"门到门"运输。

加快北方国际航运枢纽建设，使天津港成为服务"一带一路"的重要支点。对标世界一流港口，发挥天津港海上门户枢纽作用，以区域港口协同增强发展动力，以智慧化、绿色化引领发展方向，不断提高天津港在世界航运领域的资源配置能力。全力提升港口能级，全方位组织集装箱货源，扩大环渤海内支线运量，强化津冀港口间干支联动，构建面向全球的便捷高效的集装箱运输网络。加强与环渤海港口的协同联动，组建环渤海港口联盟，打造具有国际竞争力的东北亚世界级港口群。优化调整大宗散货运输结构，积极发展滚装和邮轮等运输功能，着力打造国际枢纽港。打通连接西部、北部腹地的铁路动脉，积极发展以海铁联运为核心的多式联运，构建贯通"三北"、联通中蒙俄经济走廊的腹地运输网络。加快完善集疏运体系，推进南疆、大港港区铁路专用线建设，规划建设天津港集疏运专用货运通道，全力打造"公转铁 + 散改集"双示范绿色港口。优化港城空间布局，科学划定港城边界，深化"一港六区"统一运营管理，理顺港口运营管理机制，促进港产城融合发展。推进港口设备自动化、港区管理智能化，建成国际领先的自动化集装箱智慧码头和港口智能管控中心。

优化外贸航线布局，提升全球资源配置能力。持续增加天津港外贸干线的数量和覆盖面，增加舱位、加密班期，提升航线对区域货源组织的带动作用。加强与船公司合作，鼓励在天津港开辟集装箱班轮航线。增强天津港服务国家战略的能力，不断加强天津港与"一带一路"沿线国家和 RCEP 成员国的航线开发，填补东南亚和澳新等地区航线空白。主动对标世界一流港口，积极争取国内北方地区沿海捎带政策，大力发展水水中转业务，打造"优势突出、特色鲜明、准时高效、全面覆盖"的国际航线网络体系，巩固天津港的枢纽地位。

8.1.3 培育智慧绿色发展新模式，打造世界一流样板

全力打造世界一流智慧港口。主动顺应智慧交通发展趋势，对接"天津智港"建设，加强物联网、大数据、区块链、云计算、人工智能等现代信息技术与港口各领域的深度融合，开展新一代 5G 通信网络的建设与部署，加快实施基于云架构的多活式数据中心、基于智能化集装箱码头的生产操作系统研发、基于集装箱全物流链的综合服务平台等项目，深化港口与供应链上下游的互联互通，提升港口生产经营智能化、设备操作自动化、数据信息可视化水平，推动港口作业效率和智能化水平达到国际一流水准。建设基于 5G、北斗等技术的信息基础设施，加快先进技术服务港口装卸、运输、仓储等作业环节的进程，实现无人集装箱平面运输集群、集装箱码头操作系统（TOS）、场桥 / 岸桥系统无缝对接。在 3 个及以上的集装箱码头打造自动驾驶示范区，研发无人驾驶集装箱卡车控制系统、智能堆场车道控制系统、智能车路协同系统，实

现 100 台以上智能水平运输工具（无人集卡、人工智能运输机器人 ART 等）的规模化应用。继续推进太平洋国际、联盟国际等传统集装箱码头堆场自动化改造。探索推进建筑信息模型（BIM）+ 地理信息系统（GIS）技术在港口规划、设计、建造、维护等各阶段的应用，促进全生命周期的数字化管理。有序推进东疆港区智能一期集装箱码头建设，实施集装箱传统码头自动化改造，大幅提高集装箱大型装卸设备自动化水平。在运营管理数字化方面，建设港口数据信息枢纽，升级改造港口云数据中心，深化港口全媒体客服系统应用，建设运行天津关港集疏港智慧平台，促进铁路、港口、航运、第三方物流等的深度合作。按照数字化思维重塑经营和管理架构流程，全面构建"数字孪生天津港"。强化数字化转型变革项目规划和建设，加快 TJPC 等数字化转型系统建设；在物流服务方面，拓展京津冀港口智慧物流协同平台应用，推行电子运单、网上结算等互联网服务，持续优化港口作业单证"无纸化"、全程服务"一站式"流程。大力推进港口"单一窗口"和"一站式"服务平台建设，创新物流服务模式。深化关港集疏港智慧平台应用，加强关港业务协同与数据共享。整合统筹口岸贸易、物流各环节资源，为客户提供全程物流解决方案、物流金融服务、港航大数据增值服务；在生产经营方面，有序推进传统集装箱、散杂货码头自动化升级，加快打造我国北方最大的自动化码头群。加快建设港口自动驾驶示范区，不断扩大自动驾驶设备商业化应用规模。加快具有自主知识产权的新一代自动化集装箱码头生产操作系统（JTOS）的研发，掌握核心技术。打造 5G 技术应用和港口自动驾驶示范区，研发无人驾驶集装箱卡车控制系统、智能堆场车道控制系统、智能车路协同系统。建设智能生产操作系统，实施基于智能化集装箱码头的生产操作系统一体化升级改造，实现无人集卡规模化应用，推进港口全媒体客服系统建设。坚持创新是第一动力，按照数字产业化、产业数字化要求推进智慧港口建设，打造"数字孪生天津港"，加快向港航生产经营智能化、物流服务"一站式"、运营管理数字化全面升级，推动各类装备智慧改造，提升港口智慧化、数字化水平。

全力打造世界一流绿色港口。深入落实习近平总书记关于生态文明的指导思想，按照产业生态化、生态产业化要求推进绿色港口建设，向完善本质安全环保体系、建设低碳港区低碳港口、拓展绿色低碳生产模式、提升绿色生态景观深化升级，促进港口绿色清洁发展。把绿色发展贯穿到港口规划、建设和运营全过程，优化生产作业流程，加快运输结构调整。落实推动天津港加快"公转铁""散改集"和海铁联运发展政策措施，推广钟摆式、甩挂运输等运输模式，建成"公转铁""散改集"双示范港口，国家和天津市"双碳"工作交通运输领域目标任务得到全面落实。深化建设低碳港区低碳港口，分区域分板块打造绿色港口建设示范企业，重点推进东疆低碳港区建设。加快能源结构低碳化，大力发展清洁能源，推进集中式防波堤风电项目。完善大气、水环境监测网络，加强船舶尾气遥感监测，加快港口环境综合监管能力建设。加大技术革新和新科技应用，推进港口装卸、运输、仓储等关键环节升级改造，提高大宗散货作业清洁化水平。推广风能、光能发电技术在港口的应用，完成港区LNG加气站、充电设施等配套设施建设。推进港口岸电设施建设，建立健全岸电使用制度，提升船舶靠港岸电使用率。建设无水港，推广电动车＋甩挂运输模式。加强非道路移动污染源治理，新增、更换大型港口作业机械、水平运输设备等优先使用电能、天然气等清洁能源，提高低排放港口作业机械比例。严格落实船舶排放控制区要求，靠港船舶使用低硫燃油，港作船舶低硫燃油使用率达到100%。港作船舶、企业自有船舶污染物和港区生产、生活垃圾应收尽收、依法合规处理。完成原油、成品油装船作业码头油气回收设施的建设、使用情况排查，分步骤有序推进回收设施安装。降低集疏港中重型营运柴油货车比重，减少空气污染。搭建生态环境智能监测管控系统和智慧环保综合管理平台，加快港口环境空气质量监测站点建设，推行精细化、智能化的绿色管控。深化提升绿色生态景观，大力保护港区岸线资源，谋划推动"153"绿色发展，为城市发展拓展亲水空间，建成宜居、宜业、宜游、宜乐的美丽港口。健全水运工程质量管理体系、工程建设标准体系，完善品质工程建设与质量核验等制度。推进建设工程规范化、品质化，在所有建设工程中推广品质工程理念，建立品质工程建设长效机制。打造生态环境智能监测管控系统和智慧环保综合管理平台项目，为绿色港口建设提供环境保护基础数据支撑。构建港口清洁能源应用体系和港口污染源全面防控体系，加强资源节约循环利用和生态保护，加快建设成为安全高效、环境友好、生产清洁、低碳集约、生态和谐的绿色先行港、生态示范港。

8.1.4 培育智慧绿色发展新模式，打造世界一流样板

天津港集团建成的"智慧零碳"码头，是打造世界一流绿色港口的重要成果。该码头位于天津港北疆港区，岸线总长 1 100 米，共有 3 个 20 万吨级集装箱泊位，设计集装箱通过能力 250 万标准箱 / 年，配备岸桥 12 台、轨道桥 42 台、人工智能运输机器人（ART）92 台，码头设备全部采用电能驱动，并通过建设两座 4.5 兆瓦、三座 5 兆瓦风力发电机组和 1.4 兆瓦光伏发电装置，成功搭建"风光储一体化"智慧绿色能源供应系统，成为全球首个 100% 使用电能，电能 100% 为绿色电能，且绿色电能 100% 自产自足的"零碳"码头，率先实现了在能源生产和消耗两侧的二氧化碳"零排放"。

天津港"智慧零碳"码头为国内首家使用分散式风力发电系统的码头，采用的 5 台风电机组，轮毂高度为 110 米，叶轮直径 155 米至 171 米，总装机容量为 24 兆瓦，配合 1.4 兆瓦屋顶光伏发电系统，将所发电能接入附近变电所内，采用"自发自用，余电上网"的模式，最大限度满足码头对绿色能源的需要。配套建设智能微网和智慧能源监控平台，建立了"风光储一体化"的能源供应系统，实现多能源融合系统与码头负荷的匹配与优化控制，实现绿电 100% 自给自足，码头生产净零碳排放。该码头搭建了先进的智能绿色能源管理控制系统，集成了能耗管理、环境监控、照明控制、智能用电监测、岸电监测、冷箱监控、变电所辅控、暖通及电动阀控制等功能，实现了能源环境全要素监测管理，通过能源智能调配，最大程度提高绿电自发自用比例，大幅提升能效水平。

一是加快构建"低碳体系"。调结构优布局，构建以电力为主体的港区用能结构，基本实现"油改电"。创建智能岸电管控平台、智能电力调控平台，科学配置岸基供电系统，为外来大型船舶提供岸电超过 1 000 万千瓦时；自有港作船舶 100% 使用岸电，在用清洁能源港作机械占比超过 50%。

二是加力推进"降碳"行动。转方式提效益，建立全球港口最大规模清洁运输车队，研发推广电动集卡、ART 运输常态化应用，集疏运车辆减排效果明显。加快构建"公转铁""散改集"双示范港口，煤炭实现 100% 铁路运输，铁矿石铁路运输占比达 65%，位于全国沿海港口前列。

三是加速建设"低碳"港口。坚定不移走"低碳"发展道路，天津港"智慧零碳"码头"风光储一体化"绿色能源系统运行一年多以来，提供绿电近4000万千瓦时，实现降碳减排量超过35000吨。天津港集团持续加大港区风电、光伏等新能源布局，已建成8台风机，产能覆盖4个码头，全力打造"低碳"港口，努力实现"零碳"港口。

8.2 构建以港口综合服务为核心的新型贸易生态，推动天津市成为我国北方地区"一带一路"的贸易核心

8.2.1 强化运输通道及物流载体建设，深度参与"一带一路"贸易体系

探索基于天津港大陆桥运输的新型贸易通道。天津港与国内其他以港口为桥头堡的大陆桥相比，在陆桥运输距离上，除满洲里通道运距略超大连和营口港外，其他方向上均为沿海港口最短。天津港与周边港口与口岸距离对比见表8-1，因而可充分发挥天津港与内陆腹地距离最短、通道更优、综合成本最低的优势，立足日韩、中亚、蒙俄、东南亚及国内南方沿海等主要货源市场，加密增开中欧班列，推进建设"东北亚—天津港—大陆桥—中亚、西亚和欧洲"双向多式联运模式，将北美、东南亚、中亚、欧洲等国家和地区的传统海运贸易模式转为经天津港大陆桥进行中转运输。同时，对承载国际中转货物的船舶，在进出港、靠泊、作业效率、费用等方面给予优先保证和支持，吸引日本、韩国等的出口货物与天津口岸出口货物一并拼装出口，并在运输型中转集拼业务的基础上，推进加工型中转集拼及服务型中转集拼等高附加值的中转方式发展。促使天津港成为东南亚国家、日韩至中亚、欧洲等地的重要货源中转站，建成以天津港为中转港、以大陆桥为纽带、连通亚欧的新型贸易大通道，促进天津市与"一带一路"沿线国家和地区的贸易往来。

表 8-1　天津港及周边港口陆桥运距对比　　　　　　单位：千米

港口	二　连		满洲里		阿拉山口		霍尔果斯	
	运距	运距差	运距	运距差	运距	运距差	运距	运距差
天津港	865	—	1 957	—	3 463	—	3 677	—
青岛港	1 529	664	2 619	—	4 045	582	4 565	888
连云港港	1 922	—	1 889	—	4 245	782	4 291	614
大连港	1 726	—	1 800	-157	4 599	—	4 811	—
营口港	1 509	—	1 632	-325	4 382	—	4 594	—

数据来源：根据各港口数据整理、

创新物流服务载体建设。依托天津自贸试验区、中韩自贸区、中国—东盟自贸区等跨区域贸易合作机制，进一步深化天津港与"一带一路"沿线国家和地区互建姊妹物流园区的合作模式。积极吸引日韩和中亚、欧洲国家在天津港设立办事处，推进"一带一路"沿线国家及地区在天津港建立国际物流中转分拨基地，并提供保税加工、保税仓储、信息服务等增值服务，推进集装箱、大宗货物等重点领域物流发展，完善跨境物流服务体系。充分利用跨境电商、保税＋、免税消费等政策，优化相关产品的通关、检疫、冷链、运输等综合物流服务，打造进口商品北方集散中心、进口商品分拨交易服务平台、生鲜食品国际采购和分拨中心、跨区域冷链物流配送中心，为"一带一路"的贸易合作提供更加优质的服务。

创新海铁联运模式，提升陆港联动效能。积极引入国际国内班轮公司设立航运基地，深化国际港口合作，促进港航互动合作。加大港口支撑力度，适度倾斜服务资源，提升内陆营销网络的专业化物流服务水平，实现内陆物流网络覆盖国内 14 个省、自治区、直辖市。做大做强业务规模，增强内陆营销网络的市场竞争力。推动北运河适宜河段旅游通航、港口至雄安新区水运新通道研究。

提升物流保障能力。进一步优化运输货类结构,重点发展集装箱干线运输,平稳保障大宗散货运输。依托北疆、东疆等规模化港区,积极发展全程物流、供应链物流,发展汽车、冷链、化工等专业物流。探索建立冷链+京津城市配送的港口服务新模式。

8.2.2 服务建设京津冀自由贸易港,推进区域港口协同发展

营造良好环境,加强紧密战略合作。目前天津市正在积极申报"京津冀自由贸易港",有关自由贸易港的相关工作就已经展开。天津港要找准在探索建设京津冀自由贸易港中的定位,营造符合国际自由贸易港区惯例的政策环境和制度环境,持续完善配套功能,加快推进京津冀港口资源整合,在集装箱板块、物流板块、散货板块及战略资本层面开展多领域、深层次项目合作,率先形成以资产和资本为纽带的紧密战略合作伙伴关系,实现京津冀区域商品链、信息链、资金链、供应链、产业链汇聚整合,共同推动建设开放层次更高、营商环境更优、辐射作用更强的自由贸易港。深化京津冀港口共建合作。推动京津冀港口企业以市场为导向、以资本为纽带加快整合,在集装箱业务和支线运输等方面推动更深入广泛的合作,打造"海上穿梭巴士"品牌,推行环渤海内支线"天天班"服务。推进航道、锚地等深水资源共建共享。

制定区域港口发展规划,共建环渤海大湾区。加强与环渤海港口的协同联动,组建环渤海港口联盟,打造具有国际竞争力的东北亚世界级港口群。增强对环渤海、内陆乃至全球的影响力和辐射力,推动世界级港口群建设,共建环渤海大湾区,实现与环渤海港口合理分工、错位发展、高效协同,最大限度地淡化区域边界乃至国界对资源优化配置的约束,在更宽领域和更深层次上助力天津市融入"一带一路"建设。

8.2.3 优化口岸营商环境,为天津深度融入共建"一带一路"营造良好环境

优化港口经营许可事项办理流程,逐步推行普通货物港口经营许可告知承诺制。简化一体化通关流程,推广进口"两步申报"和"提前申报"通关模

式,打造"船边直提""抵港直装"的"集疏港智慧平台+区块链"新模式,提升口岸通关效率。依托国际贸易"单一窗口"国家标准版,加快推进"单一窗口"功能覆盖海运和贸易全链条,推动运输和通关便利化、一体化。公布港口作业时限标准,加大执法检查力度,优化经营秩序。优化装卸作业流程,压缩港外停泊时间,增加船舶作业线,港口作业效率达到国际领先水平。深化口岸高效协同,与海关深化拓展"双直"业务,与海事持续打造"零待时升级版",与边检协同打造"三零举措",共同提升口岸通过效率。建立健全公平、透明、合理的口岸服务收费体系,强化"阳光价格"示范作用,调整优化港口收费目录,坚决清理不合理的口岸服务收费体系,进一步降低企业港口综合物流成本,为天津市与"一带一路"沿线国家和地区的贸易往来提供优质服务。

8.3 打造高端航运要素集聚的特色链,做优天津市"一带一路"航运金融创新示范

8.3.1 探索建设航运交易所,提升高端航运服务品质

围绕天津港腹地巨大的贸易、海运需求,以"一带一路"倡议为契机,在学习借鉴国内外航运交易所建设经验的基础上,结合天津实际,分步骤、分阶段构建天津航运交易政策体系,逐步探索、稳步推进天津航运交易所建设。积极承接非首都功能疏解,用足、用好天津自贸区东疆片区法律、税收、金融创新、产业发展等方面的政策优惠和制度保障,吸引驻北京大型船公司和航运机构在东疆注册、建立分支机构,把东疆片区打造成为北方国际航运的核心区、标志区。

拓展港口增值服务,以港促航,实现航运服务跨越发展。鼓励航运、物流等企业总部或区域中心落户,大力发展航运总部经济,支持港航信息、商贸、金融保险等现代航运服务业发展。推动航运与互联网、大数据、文化产业等融

合发展，培育独具特色的航运服务新生态。建设国际航运服务聚集区。支持跨境融资租赁做大做强，发展特色航运保险业务，打造北方国际航运融资中心。发展完善跨境物流保税、加工、展示展销、跨境电商等物流增值服务，培育壮大航运物流信息、大宗交易、船舶综合服务、航运金融、海事保险、航运咨询、仲裁等高端航运支撑服务，积极研究启运港退税、沿海捎带、国际中转集拼、无船承运人等新型业务，实现金融、贸易、保险、资讯、中介等现代服务业与港口装卸堆存主业的网络式交互，在支撑"一带一路"建设中形成多层次、全方位的现代航运服务产业集群和面向全球、辐射区域、支撑城市的航运服务新格局。

8.3.2 建设关联产业发展，打造航运金融特色名片

结合天津以融资租赁业为核心的航运金融服务发展优势，进一步巩固、提升东疆港在国内融资租赁业的领先地位，做大做强国际跨境融资租赁，大力发展仓单质押融资、期货保税交易、未来期权质押等多种融资业务，开展离岸金融结算试点，提供高效便利的航运结算，打造北方国际航运融资中心。支持跨境融资租赁做大做强，发展特色航运保险业务，打造北方国际航运融资中心，探索建立北方国际航运交易市场。研究实施以天津港为枢纽的启运港退税、中转集拼、保税燃供等政策。打造中国北方国际邮轮旅游中心，支持"邮轮旅游+"发展，积极开辟邮轮始发航线，提升邮轮码头综合服务功能和口岸通关环境，以邮轮物资及免税商品船供业务为突破口，加快开展东疆邮轮物资配送业务，壮大邮轮物流产业规模。拓展船舶保税业务，支持开展船舶保税维修业务，鼓励船舶维修保税仓储与保税维修联动，支持区域性国际航行船舶保税油供应基地建设。鼓励在天津金融机构与航运专业机构合作，支持金融服务机构开展抵押贷款、售后回租、保理等业务，探索设立内外资航运保险和再保险公司，引进国外成熟的航运保险产品。创新"互联网＋金融＋航运物流"发展模式，打造现代航运物流网络金融平台，大力发展航运产业基金、船舶融资、航运保险等业务，逐渐完善现代航运交易机制，提升天津港航运金融服务和航运平台的影响力，助推天津市与"一带一路"沿线国家和地区的资金融通。

8.3.3 发展临港产业经济新动能，促进港产城动态协同

把握高端制造业、战略性新兴产业的重点方向，结合港口在便利通关、服务临港产业集群的功能优势及港产融合的发展趋势，以大项目与大企业引领产业链发展，重点布局一批以临港装备制造、海洋工程、海上风电、轨道交通设备制造等为代表的优势主导产业，积极培育和发展新型材料、新能源装备、节能环保设备、航空航天配套设备等引领产业发展方向的新兴制造产业，推动港口与城市在空间上、产业上协同融合，为天津市与"一带一路"沿线国家产业联动和合作发展、产业向西输出和梯度转移提供高质量服务。发挥天津面海、邻京、靠冀的独特优势，承担非首都功能疏解，助力天津成为京津冀协同发展的重要支撑和服务"一带一路"的重要支点。建议建立海空枢纽一体化合作机制，综合协调海港空港战略规划、空间布局、改革创新、产业合作、功能环境提升等重大问题，推动各部门工作的协同对接联动，形成促进枢纽经济发展的强大合力。

加快临港产业提质升级。主动承接北京非首都功能疏解相关产业转移，以重大项目与龙头企业引领产业链发展，推进工业化与信息化深度融合，以滨海新区为依托，以临港经济区、南港工业区、滨海高新区、天津开发区为平台，做大做强临港制造、海洋经济等优势主导产业，积极发展新能源装备、节能环保设备、新材料等新兴制造产业，构建要素配套齐备、技术含量较高、辐射带动能力较强、先进制造业创新发展的临港产业体系，打造与全市和滨海新区产业衔接、相互支撑的临港产业集聚区。打造京津冀物流服务聚集区。梳理天津市及京津冀地区主要产业链对港口物流、商贸集散、国际分拨的需求及未来发展方向，科学规划设计一批专业化、特色化的临港产业及物流园区或物流分拨中心，广泛吸引国内外物流行业巨头、细分市场领军企业、与天津产业关联度高的特色贸易商落户天津，打造规模化、专业化的商贸物流服务聚集区。

港产叠加赋能驱动沿海经济高质量发展新引擎。依托世界级港口和雄厚的产业基础，"滨城"发挥优势，与"津城"联动、错位发展，大力推动港口、

产业、城市深度融合、相互支撑、整体发展。实施港产城融合发展行动，要大力推动港口、产业、城市深度融合、相互支撑、整体发展，打造世界级港口城市，加快建设北方国际航运核心区。要树立"大港口、大开放、大循环"理念，在着力打造世界一流智慧港口、绿色港口的同时，大力发展现代港口经济，推动港口带物流、物流带经贸、经贸带产业，加快实现由"货物通道"升级为"经济走廊"、由"通道经济"升级为"港口经济"。要推进港城融合，优化港城发展布局，提升城市服务能级，推动港口与城市、港区与园区有机衔接、深度互动。

为促进港产城深度融合，着力发展壮大港口经济，应制定实施港产城融合发展行动方案，促进天津港港区与"津城""滨城"城区协同融合发展，在中心城区、东疆综合保税区、于家堡等区域打造航运服务聚集区；加快发展临港产业，谋划建设天津国际物流产业园，打造大宗商品交易储运和加工基地、空箱调拨基地；推进天津海洋装备智能制造基地、中国农批天津冻品交易市场等项目建设。大力发展集装箱海铁联运和中欧（中亚）班列；加快建设兴港高速公路、北港路南延等项目，畅通港城交通；统筹"津城""滨城"和天津港资源，推动港口经济上规模、上水平、上档次。市级部门充分发挥组织协调推动作用，制定实施港口经济高质量发展中长期规划、年度计划和配套政策，建立各类要素协调保障机制；积极拓展海空联运，推动海港空港联动发展。对于"津城"而言，重点培育航运经纪、航运金融、航运会展、海事法律服务等高端航运服务业态，吸引更多国内外航运企业落户。对于"滨城"而言，重点发展航运物流、冷链物流、汽车物流、保税物流等临港物流业，壮大海洋装备、石油化工新材料、航空航天、粮油加工、冷冻品精深加工等临港制造业，做强航运租赁、航运交易、大宗商品贸易等临港服务业。不断优化完善港口设施平台、港口产业支撑、港城空间布局、港口营商环境等，部署重点任务，重点推进石油化工、海工装备、保税维修、跨境电商、邮轮旅游、融资租赁、冷链物流、品牌会展等港口产业发展，建设港口兴旺、经济发达的现代化港口城市。

8.4 强化邮轮旅游及文化科技多元融合发展，助推天津市成为"一带一路"港口海洋科技文化传播的新平台

8.4.1 打造具有国际影响力的世界一流邮轮母港

紧抓国际邮轮市场从欧美市场向亚洲市场尤其是中国市场转移的机遇，吸引世界邮轮公司在天津港设立区域总部，推动其将天津邮轮母港设为出发港，积极开发东北亚、东南亚、海上丝绸之路沿线邮轮旅游航线。探索开辟多点挂靠和无目的地公海游等旅游模式，优化旅游线路组合。坚持创新模式，产业联动。推动"旅游＋邮轮"产业创新，完善国际国内邮轮航线，丰富邮轮产品，优化管理服务，延伸邮轮产业链，将邮轮产业链从下游向上游和中游拓展，支持邮轮运营管理、制造维修、物资配送等产业发展，提升邮轮产业集聚性和辐射带动能力，培育新增长点。拓展海空联运业务，探索"邮轮＋飞机"的联动旅游产品。依托全国首家邮轮码头进境免税店优势，大力发展以免税购物为代表的保税零售商业，完善邮轮港后方的餐饮、娱乐、休闲及购物综合体服务功能。加强与政府部门的沟通，积极申请国际邮轮入境外国旅游团 15 天免签政策。

除上述邮轮旅游产业外，天津港还可依托天津新港船舶重工有限责任公司50 万吨级和 30 万吨级船坞，与中国船舶工业集团有限公司等企业加强业务合作，打造中国邮轮制造维修基地，不断扩大天津邮轮母港的影响力。支持天津市重点船舶制造企业制造高标准邮轮，将养老型邮轮、内海邮轮滚装船作为研发重点，进军邮轮设计制造领域。依托区位优势和保税维修政策，支持天津市重点船舶修造企业发展邮轮修理、改装业务，引导和鼓励各类市场主体参与邮轮研发、设计、制造及维修服务，支持与国内外船舶制造科研院所、企业等联合开展邮轮设计制造技术攻关和成果转化，向邮轮产业链、价值链高端延伸，打造北方最大的集邮轮设计研发、制造维修、认证监测等于一体

的邮轮基地。培育发展邮轮经济，延伸邮轮产业链条，拓展邮轮相关金融、法律、理赔、培训、咨询等增值业务，为"一带一路"沿线国家的旅客提供更加优质的服务。

8.4.2 扩大对外文化贸易基地影响力

大力发展具有天津特色的港口文化，营造浓厚的港口城市文化氛围，促进港口、城市和市民紧密联系，扩大港口对城市发展的辐射力和影响力，为港口和港口经济发展提供持续不断的文化动力，推动港口和港口经济高质量发展。突出亲海品海旅游特色，丰富文旅业态，强化公共配套，提升服务品质，建设一批历史与现代交融的特色旅游景点，构建"海上 + 陆上""线上 + 线下""四季 + 全天候"旅游场景和服务体系，形成全域滨海旅游特色，打造海洋旅游文化品牌。

利用天津自贸区政策开放和海洋文化优势，依托位于天津港东疆保税港区的天津对外文化贸易基地，积极开展资源整合、平台搭建、境内外推介等文化贸易相关商贸活动，构建面向"一带一路"沿线文化市场的快捷、安全的跨境文化电子商务新模式，积极打造我国北方对外文化交流服务平台和文化商品展示平台，努力建设成为"全国对外文化贸易示范基地"，放大天津对外文化贸易基地服务全球的辐射效应，促进与"一带一路"沿线国家和地区的文化贸易和文化交流合作，提升天津在与"一带一路"沿线国家和地区的文化交流中的引领地位和文化形象。

8.4.3 建设海洋科技协同创新平台

抢抓新一轮科技革命和产业变革机遇，以技术创新抢占未来技术制高点，集中攻克一批关键核心技术，积极搭建海洋科技创新平台，健全海洋科技成果转化机制，着力提升海洋人才保障水平，推动海洋科技向创新引领型转变，建成全国海洋科技创新和成果转化集聚区。统筹天津市全市海洋科技资源，加强与交通运输部天津水运工程科学研究院、国家海洋信息中心、国家海洋技术中心、海水淡化中心、国家海洋博物馆、天津海事局、中交一航局、中交一航院、天津大学海洋学院等在津涉海单位和机构的交流合作，探索建立以天津港为依托的海洋科技协同创新平台，整合凝聚相关优势研究力量，聚焦海洋工程装备制造、海洋环境监测、海上平台技术等领域，开展联合攻关，加快产出具有引领性、革命性的科技成果，并以此为基础，拓展与"一带一路"沿线国家和地区在海洋科技领域的合作，推动相关技术和标准输出，增强天津市在"一带一路"沿线国家和地区的海洋科技创新影响力和辐射力。加快推进"创新驱动、科技强港"战略，坚持创新驱动发展，加大协同创新，着力打造以质为先、效率至上、创新引领的世界一流智慧港口。大力实施科教兴港和人才强港战略，以提高科技创新能力为核心，以促进科技创新与集团多元化业务发展紧密结合为重点，以促进科技成果转化为现实生产力为主攻方向，构建以企业为主体、以市场为导向、产学研相结合的具有天津港特色的技术创新体系。凭借天津海洋科教人才优势和先进制造业基础，加快搭建海洋科技创新和成果转化平台，健全完善产学研用相结合的科技创新体系，重点突破海洋装备、海水淡化、海洋油气等领域关键技术，推动形成以海洋装备、海水利用、海洋油气为核心的海洋高新技术产业集群。依托院士专家工作站和博士后工作站，开展关键领域技术攻坚，实现重点领域技术突破。与交通运输部天津水运工程科学研究院、高等学校结成战略合作联盟，形成长期稳定的多领域合作机制。同时，拓宽资金来源渠道，建立多元化、多层次、多渠道的科技投入机制，确保科技投入稳定增长。

参考文献

[1] 赵革.打造世界一流的智慧港口、绿色港口 [N].天津日报，2019-10-30（9）.

[2] 张文亮.打造现代化国际一流港口，主动服务京津冀协同发展 [J].求知，2019（6）：8-10.

[3] 夏海伟.加快推进海洋港口"四个一流"建设 [J].浙江经济，2017（7）：8-9.

[4] 芮雪.李奉利：加快建设世界一流的海洋港口 [J].中国港口，2019（6）：1-3.

[5] 焦兰坤.青岛港引领创新营商环境，加快建设世界一流海洋港口 [J].大陆桥视野，2019（8）：20.

[6] 周一轩.全力建设世界一流枢纽港口，积极服务滨海新区经济社会发展 [J].产业创新研究，2019（8）：4-7.

[7].天津港集团牢记习近平总书记殷切嘱托，加快建设世界一流智慧绿色现代化港口 [J].中国港口，2019（2）：1.

[8] 莫金菊，李柏敏."一带一路"背景下北部湾港口发展策略 [J].商业经济，2018（7）：38-40，73.

[9] 周一轩."一带一路"倡议下天津港海外投资布局战略 [J].集装箱化，2017，28（10）：7-11.

[10] 高红梅，林夏丽."一带一路"倡议下天津港口物流发展问题研究 [J].大陆桥视野，2017（9）：50-55.

[11 张国华."一带一路"战略下的港口转型升级之路 [J].中国国情国力，2015（3）：17-19.

[12] 常继莹."一带一路"战略下天津港口布局研究 [D].天津：天津科技大

学，2017.

[13] 杨庚."一带一路"战略下我国沿海港口集疏运方式优化建议与展望[J].交通企业管理，2017，32（3）：14-16.

[14] 孙海宁.发展天津现代航运服务产业的思考[J].中国海事，2016（08）：36-38.

[15] 梅芳，李娜.基于"一带一路"背景下的秦皇岛港口转型升级的几点思考[J].现代营销（信息版），2019（7）：167.

[16] 赵江南，周跃.基于"一带一路"建设的环渤海地区港口优势评价[J].海洋开发与管理，2019，36（7）：83-88.

[17] 周一轩.全力建设世界一流枢纽港口，积极服务滨海新区经济社会发展[J].产业创新研究，2019（8）：4-7.

[18] 吴春燕.我国港口在"一带一路"中的发展及经验分析[J].北方经贸，2018（8）：22-23.

[19] 周一轩.自由贸易港建设背景下天津港向商贸物流港转型升级研究[J].产业创新研究，2018（1）：20-24.

[20] 周一轩.自由贸易港建设背景下天津港转型商贸物流港路径分析[J].天津经济，2018（2）：8-13.

[21] 吴利娟."一带一路"背景下天津港城协调发展研究[D].天津：天津外国语大学，2019.

[22] 周一轩."一带一路"倡议下天津港海外投资布局战略[J].集装箱化，2017，28（10）：7-11.

[23] 吕晓涵."一带一路"战略下天津港转型与发展[J].经贸实践，2018（9）：100，102.

[24] 李李.发挥天津"一带一路"重要节点城市作用的对策与建议[J].环渤海经济来瞭望，2017（8）：21-22.

[25] 孔维东.发挥天津港口优势，促进海铁联运发展[J].港口经济，2015（1）：32-34.

[26] 李文增.关于更好发挥天津市在"一带一路"战略中重要作用的建议[J].产权导刊，2015（12）：24-27.

[27] 天津市科技思想库"一带一路"战略研究专家组，李文增，冯攀，

李拉.关于天津参与国家"一带一路"战略并发挥重要作用的建议 [J]. 城市,2015（1）：11-13.

[28] 李娜.关于天津市参与国家"一带一路"建设并发挥重要作用的建议 [J]. 经济研究导刊，2019（11）：11-13.

[29] 张健.加快推动"一带一路"战略的天津沿海区域经济长效性发展的研究 [J]. 现代商业，2018（15）：82-83.

[30] 王侃.借势"一带一路"加快天津港转型 [N]. 滨海时报，2016-06-07（8）.

[31] 邹婵.天津参与"一带一路"战略的优势、挑战与对策 [J]. 天津经济，2017（4）：19-23.

[32] 李文增，冯攀，李拉.天津参与实施"一带一路"战略的建议 [J]. 港口经济，2015（2）：45-46.

[33] 天津港：提升港口能级，打造北方国际航运核心区 [J]. 中国港口，2016（4）：63.

[34] 何梦晓.天津港航运延伸服务业发展对策 [J]. 交通企业管理，2016，31（4）：19-21.

[35] 吴湉.天津港建设对"一带一路"区域经济辐射作用的研究 [J]. 中国集体经济，2015（36）：13-14.

[36] 吴婷，张娟.天津融入"一带一路"建设研究 [J]. 产业创新研究，2018（5）：20-23.

[37] 王新颖.天津市参与"一带一路"建设的对策研究 [J]. 天津市社会主义学院学报，2018（2）：55-60.

[38] 罗琼，臧学英.天津市海洋经济融入"一带一路"建设的对策建议 [J]. 中共天津市委党校学报，2018，20（1）：91-95.

[39] 郑宇.天津市融入"一带一路"建设 推进国际产能合作研究 [J]. 产业创新研究，2019（6）：9-13.

[40] 张云升，刘文华.天津市在"一带一路"背景下的投资分析与对策研究 [J]. 天津商务职业学院学报，2016，4（3）：14-18.

[41] 薄文广，鲍传龙.天津有效对接"一带一路"战略的三"点"建议 [J]. 天津经济，2016（7）：4-8.

[42] 倪东明，刘伦斌.天津在"一带一路"中的优劣势分析及对策建议 [J].天津职业技术师范大学学报，2017，27（1）：49-52.

[43] 张苗苗.天津整合海空铁对接"一带一路" [J].珠江水运，2015（6）：38.

[44] 齐岳，侯席培，冯筱容，张雨.推进"一带一路"背景下产业结构调整之研究——以天津市为例 [J].科技和产业，2017，17（9）：1-8，69.

[46] 齐岳.推进"一带一路"建设和天津市经济社会发展 [C]// 天津市社会科学界联合会.发挥社会科学作用促进天津改革发展——天津市社会科学界第十二届学术年会优秀论文集（中）.天津：天津市社会科学界联合会，2017：47-54.

[47] 冯朵.现代航运金融服务体系与强化国际航运中心地位研究 [D].天津：天津师范大学，2012.